AF142736

L'art de la guerre.

Les 36 stratagèmes.

4

Sun Tse

L'art de la guerre.

Editions BENDER

2017

Chaulveron 2017 ©

Editions BoD – Books on Demand

12/14 rond point des Champs Elysées, 75 008 Paris.

Imprimé par Books on demand, Allemagne.

ISBN : 9782322174584

Dépôt légal : juillet 2017.

DU MEME AUTEUR.

CHAULVERON

Nostradamus et la fin des temps (janvier 2016).
Le prophète Daniel et la fin des temps (janvier 2017)

**ANATOLE LE PELLETIER préface de
CHAULVERON**

Les oracles de Michel de Nostredame.

L'ABBE LEMANN et CHAULVERON

L'avenir de Jérusalem.
L'Antéchrist.

SITE NTERNET

http://astrologie-mondiale.com.

8

Sommaire.

Préface.

Je vous propose une compilation de deux textes fondamentaux de la pensée chinoise, l'art de la guerre de Sun Tse et les trente-six stratagèmes, dont l'auteur est inconnu. Deux livres datant d'une époque différente, mais relevant du même système de pensée.

L'art de la guerre fut composé à la fin du Ve siècle par un général du roi de Wu. Il donne une série de conseils concernant la manière de mener une guerre selon les principes de la philosophie chinoise.

Il faut introduit en Europe par un jésuite, le père Joseph-Marie Amiot, en 1772. Il revenait d'une mission religieuse en Chine. Son livre fut diffusé dans toutes les cours de l'époque sur le continent. Ses préceptes, largement oubliés lors des deux guerres mondiales, il reprend vie lors des guérillas chinoises, vietnamiennes ou sud-américaines. Il sert de base pour les guerres économiques ou les mouvements de résistances divers et variés.

La traduction du père Amiot datant de plus de trois cent ans est selon moi la meilleure et la plus agréable à lire. C'est celle que je vous propose.

Les trente-six stratagèmes ont été découverts dans les années trente dans un marché du nord de la Chine par un officier du Guomindang. Il est inséré dans un livre de recettes d'immortalité. Le recueil semble dater de la dynastie Qi du Sud de la Chine par un général Tan Daoqi (aux environs du IVe siècle). Toutefois, d'autres spécialistes parlent plutôt d'un livre de la dynastie Ming (1366-1610) sans connaître l'auteur.

Il est difficile de trancher entre les deux hypothèses.

Le texte en lui-même se compose de trente-six aphorismes très courts découpés en six chapitres correspondant à des situations militaires favorables, défavorables ou équilibrées. Malgré son côté lapidaire, ces devises sont très puissantes et peuvent s'appliquer à de multiples situations de guerre ou de conflit y compris dans la vie quotidienne.

Il m'a semblé intéressant de regrouper dans un seul recueil les deux œuvres en raison de leur caractères complémentaires. L'un comme l'autre sont d'une exceptionnelle actualité. Il semble inspiré le combat des islamistes contre le matérialisme occidental, sans que personne ne soulève ce point-là. Il est également pour moi, un guide de survie pour la résistance au « totalitarisme soft » sous lequel nous vivons. Les futurs résistants devraient s'en inspirer, en raison même de la guerre psychologique qu'il propose et de ses méthodes de lutte précisément adaptées à une armée en infériorité numérique.

Bonne lecture.

Chaulveron.

Première Partie

L'art de la guerre de Sun Tse.

Article I : Fondement de l'art militaire.

Sun Tse dit :

L'art de la guerre et l'organisation des troupes sont d'une importance vitale pour l'État. La vie et la mort des sujets en dépendent ainsi que la conservation, l'agrandissement ou la décadence de l'Empire : ne pas y réfléchir profondément, ne pas y travailler consciencieusement, c'est faire preuve d'une coupable indifférence pour la possession ou la perte de ce qu'on a de plus cher et c'est ce qu'on ne doit pas trouver parmi nous.

Cinq choses principales doivent faire l'objet des continuelles méditations des officiers et de tous leurs soins, comme le font ces grands artistes qui, lorsqu'ils entreprennent une œuvre, ont toujours présent à l'esprit le but qu'ils se proposent, mettent à profit tout ce qu'ils voient, tout ce qu'ils entendent, ne négligent rien pour acquérir de nouvelles connaissances et tous les secours qui peuvent les conduire heureusement à leur fin. Si nous voulons que la gloire et les succès accompagnent nos armes, nous ne devons jamais perdre de vue : la **Doctrine**, le **Ciel**, la **Terre**, le **Général**, la **Discipline**.

La **Doctrine**[1] fait naître l'unité de pensée ; elle nous inspire une même manière de vivre et de mourir et nous rend intrépides et inébranlables dans les malheurs et devant la mort.

Si nous connaissons bien le **Ciel**[2], nous n'ignorerons pas ce que sont les deux grands principes Yin et Yang et nous saurons à quel moment ils s'unissent ou s'opposent pour produire le froid, le chaud, la sérénité ou les perturbations de l'atmosphère.

La **Terre**[3] n'est pas moins digne de notre attention que le Ciel. Étudions-la bien pour en connaître les particularités, le haut et le bas, le proche

---

[1] La doctrine, c'est la science et savoir militaire et politique nécessaire à la conduite de la guerre. Il doit être unifié pour être efficace. Toutes dissensions dans la doctrine sont un affaiblissement dans le combat. Ce sont toutes les pensées et idées qui unifient un groupe humain. Un drapeau, un hymne, des personnages historiques, des valeurs, un objectif, etc.

[2] Le Ciel, au sens asiatique du terme, c'est une force, une puissance impersonnelle qui domine l'univers et agit sur les hommes. Le Ciel pourrait être l'équivalent de notre Dieu, mais sans conscience, sans pensée propre. Le ciel s'exprime sur le monde à travers deux forces, le Yin et le Yang. Combiné par trois, ils forment huit trigrammes de bases et assemblée par six, ils deviennent les soixante-quatre hexagrammes du Yi-King. Ce sont les puissances fondamentales du Ciel sur la Terre. Il est nécessaire de connaître les huit trigrammes et les soixante-quatre hexagrammes dans l'art de la guerre.

[3] La Terre, c'est l'autre élément constitutif de l'Univers chez les Chinois. Il faut étudier la terre au niveau géographique pour être un bon chef militaire.

et le lointain, le vaste et l'étroit, ce qui est permanent et ce qui n'est que temporaire.

La doctrine, l'équité, l'amour pour tous ceux qui sont nos subordonnés et, pour tous les hommes en général, la science des ressources[4], le courage[5] et la valeur[6] : telles sont les qualités qui doivent caractériser celui qui est revêtu de la dignité de **Général** ; vertus nécessaires pour l'acquisition desquelles nous ne devons rien négliger : seules elles peuvent justifier notre présence à la tête des autres.

A ces connaissances, il faut ajouter celle de la **Discipline**[7]. Savoir ranger ses troupes, n'ignorer

---

[4] La science des ressources, c'est la gestion du ravitaillement, des munitions et des armes. Il faut ne pas mener une guerre au-dessus de ses moyens, adapter sa manière de combattre à ses ressources.

[5] Un chef militaire doit montrer à ses hommes et à ses concitoyens sont courage aux combats. C'est un moyen presque certain de se faire obéir et respecter.

[6] La valeur concerne la moralité du général, c'est-à-dire son exemplarité. Un général qui ne donnerait pas l'exemple dans sa vie privée par rapport aux personnes dont il est supposé obtenir l'obéissance. Cela discrédite d'avance l'ensemble de la classe politique actuelle et la plupart des chefs militaires. C'est tout le drame de notre époque.

[7] La discipline s'applique du bas vers le haut, mais également du haut vers le bas. Aucune discipline n'est efficace si elle ne marche que dans un sens. Les subordonnés doivent obéir aux ordres de leurs hiérarchies. Le chef doit connaître et respecter les attributions de chacun de ses subordonnés, avoir un

aucune des règles de la subordination et les faire rigoureusement observer, connaître les attributions de chacun de nos subalternes, posséder tous les moyens par lesquels on peut atteindre un résultat, ne pas dédaigner, quand il se doit, d'entrer dans tout le détail de ce qui doit être précisé et acquérir la juste notion de la valeur de chacun de ces détails en particulier, tout cela forme ensemble un corps de discipline dont la connaissance ne doit pas échapper à la sagacité, ni à l'attention du général.

Vous donc, que le choix du Prince a placé à la tête des armées, jetez les fondements de votre science militaire sur les cinq principes qui viennent d'être exposés ; la victoire suivra partout vos pas, alors que si, par ignorance ou par présomption, vous les omettez ou les rejetez, vous n'éprouverez que les plus honteuses défaites.

Les connaissances que je viens d'indiquer vous permettront de discerner, parmi les Princes qui gouvernent les États, celui qui a la meilleure doctrine et le plus de vertus ; vous connaîtrez les grands généraux qui peuvent se trouver dans les différents royaumes de sorte que, en temps de guerre, vous pourrez conjecturer assez sûrement quel est celui des deux antagonistes qui doit l'emporter et, si vous devez vous-même entrer en lice, vous pourrez raisonnablement vous flatter de devenir victorieux.

---

comportement respectueux à leurs égards et leurs donner les moyens d'accomplir leurs tâches.

Ces mêmes connaissances vous feront prévoir quels sont les moments les plus favorables[8], le Ciel et la Terre étant d'accord, pour ordonner le mouvement des troupes, les itinéraires qu'elles doivent suivre et la longueur des étapes ; vous ne commencerez, ni ne terminerez jamais une campagne hors de saison[9] ; vous apprécierez le fort et le faible, tant de ceux qui sont confiés à vos soins que des ennemis que vous aurez à combattre ; vous apprendrez en quelle quantité et dans quel état se trouveront les approvisionnements des deux armées ; les récompenses seront distribuées libéralement mais toujours avec choix, et vous n'épargnerez pas les châtiments quand le besoin s'en fera sentir.

Admirant vos vertus et vos capacités, les généraux placés sous votre autorité vous serviront autant par plaisir que par devoir ; leur exemple entraînera celui des subalternes et la troupe elle-même concourra avec empressement à assurer votre succès. Estimé, respecté et aimé des vôtres, vous verrez les

---

[8] Un chef militaire se doit de consulter les volontés du Ciel pour déterminer le moment favorable pour agir. Pour cela, il utilisera des techniques pluri millénaires qui ont fait leurs preuves, tels que l'astrologie, la numérologie ou le Yi-king. Pour les volontés de la Terre, il étudiera avec soins les conditions météorologiques et la géographie du pays.

[9] Il faut veiller à ne jamais commencer une action au moment d'une saison défavorable. Il est en de même concernant l'achèvement. Pensons à Hitler ou Napoléon qui attaquèrent la Russie au moment des saisons chaudes, en juin, mai n'incluaient pas dans leurs calculs la dimension du pays. C'est ainsi qu'ils durent vaincu tous les deux par le froid de l'hiver russe.

peuples voisins rechercher la protection du Prince que vous servez, soit pour le servir, soit pour être son allié.

Parce que vous saurez distinguer ce qui est possible de ce qui ne l'est pas, vous n'entreprendrez rien qui ne puisse être mené à bonne fin. Avec la même pénétration, ce qui est loin sera vu comme si c'était sous vos yeux et inversement. Vous profiterez de la dissension qui surgit chez vos ennemis pour attirer les mécontents dans votre parti en ne leur ménageant ni les promesses, ni les dons, ni les récompenses. Vous n'attaquerez pas un ennemi plus puissant et plus fort que vous et vous éviterez ce qui peut conduire à un engagement général[10]. Toujours, vous cacherez à vos adversaires l'état dans lequel sont vos troupes : parfois, vous ferez répandre le bruit de votre faiblesse, où vous feindrez la peur pour que l'ennemi, cédant à la présomption et à l'orgueil, ou bien vous attaque imprudemment, ou bien, se relâchant de sa surveillance, se laisse lui-même surprendre. Les troupes doivent être toujours tenues en alerte, sans cesse occupées, afin qu'elles ne s'amollissent pas. Aucune dissension n'est tolérable parmi vos troupes. Elles forment une seule famille dans laquelle rien ne doit être négligé pour que règnent la paix, la concorde et l'union. Après avoir supputé la consommation des vivres et de tout ce qui est d'un usage journalier, vous veillerez à être largement approvisionné en tout et, après une glorieuse campagne, vous reviendrez chez vous pour y jouir tranquillement des fruits de la

---

[10] Toute la philosophie générale de ce livre est présente dans ce conseil. L'art de la guerre de Sun Tse est un manuel de guérilla urbaine, un guide de résistance. Il s'adresse aux gens en infériorité numérique qui affronte un adversaire plus puissant.

victoire, parmi les acclamations de vos concitoyens qui vous seront reconnaissants de la paix que vous leur aurez procurée. Telles sont, en général, les réflexions que ma propre expérience m'a dictées et que je me fais un devoir de vous communiquer.

Article II : Des commencements de la campagne.

Sun Tse dit :

Je suppose que vous commencez la campagne avec une armée de cent mille hommes, que vous avez des munitions en suffisance, mille chariots de combat et mille couverts de peaux pour les transports, que vos vivres soient assurés durant le trajet de mille li[11], que rien ne vous fait défaut de ce qui peut être nécessaire pour réparer armes et chariots, qu'ouvriers et tout ce qui n'appartient pas au personnel de la troupe vous aient précédé ou marchent séparément à votre suite et que toutes mesures soient prises pour préserver des accidents ou des intempéries aussi bien les choses qui sont étrangères à la guerre que celles qui sont indispensables à l'armée. Je suppose encore que vous avez mille onces d'argent à distribuer aux troupes chaque jour et que ce paiement soit acquitté à temps et avec la plus rigoureuse exactitude ; dans ce cas, vous pouvez aller droit à l'ennemi ; l'attaquer et le vaincre seront, pour vous, la même chose.

Je dis plus : ne différez pas de livrer le combat, n'attendez pas que vos armes s'avarient ni que le

---

[11] Le li est une mesure chinoise qui équivaut à environ 576 mètres. Mille li, c'est 576 kilomètres.

tranchant de vos sabres s'émousse[12]. S'agit-il de prendre une ville, hâtez-vous d'en faire le siège. Ne pensez qu'à cela, dirigez là toutes vos forces ; tout brusquer, car, si vous y manquez, vos troupes courent le risque de tenir longtemps la campagne, ce qui sera une source de funestes malheurs : l'argent s'épuise, les armes s'abîment, l'ardeur des soldats se ralentit, leur courage et leurs forces s'évanouiront, les provisions se consument et vous vous trouverez réduit aux plus fâcheuses extrémités.

Informés de votre pitoyable situation, vos ennemis sortiront tout frais, fondront sur vous et vous tailleront en pièces. Quelque réputation dont vous avez joui jusqu'à présent, vous aurez perdu la face. Ainsi, faire tenir longtemps les troupes en campagne, c'est causer un grand préjudice à l'État et risquer de porter une atteinte mortelle à sa réputation.

Ceux qui possèdent les vrais principes de l'art militaire ne s'y prennent pas à deux fois. Dès la première campagne, tout est fini. Ils ne consomment pas inutilement des vivres pendant trois ans, mais ils font subsister leur armée aux dépens de l'ennemi, épargnant ainsi à l'État les frais immenses qu'entraîne le transport des provisions à grande distance. Ils n'ignorent pas, et vous devez aussi le savoir, que rien n'épuise tant un État que ces sortes de dépenses car, soit que l'armée se trouve sur la défensive, aux frontières, soit qu'elle attaque dans les pays éloignés,

---

[12] C'est l'exemple de la drôle de guerre. Après la déclaration de guerre en septembre 1939, les soldats français et anglais attendront pendant neuf longs mois le début de l'offensive. L'entretien d'une armée inactive coûta cher et démoralisa les soldats. C'est selon moi l'une des causes de la défaite du 10 mai 1940.

le peuple en souffre toujours ; les denrées indispensables à la vie se raréfient et augmentent de prix et les personnes ordinairement aisées ne peuvent même plus se les procurer.

Le Prince perçoit en hâte le tribut des denrées que chaque famille lui doit et la misère s'étend des villes aux campagnes ; des dix parts du nécessaire, on doit en retrancher sept. Il n'est pas jusqu'au Souverain qui ne se ressente des malheurs communs. Ses casques, cuirasses, boucliers, ses arcs, flèches, lances, javelots, ses chars, tout cela se détruira. Les chevaux, les bœufs même qui labourent les terres impériales dépériront et des dix parties de sa dépense ordinaire, il se verra contraint d'en retrancher six. C'est pour prévenir tous ces désastres qu'un habile général n'oublie rien pour abréger les campagnes, pour vivre aux dépens de l'ennemi ou, tout au moins, pour se procurer à prix d'argent, s'il le faut, des denrées étrangères[13].

Si l'ennemi a un tchoung[14] de grain dans son camp, ayez-en vingt dans le vôtre ; si l'ennemi a de la paille, des herbes et du grain pour ses chevaux, la

---

[13] Il faut toujours vivre aux dépens de son adversaire, utiliser ses ressources économiques, médiatiques, matérielles. Cela épuise son économie, son peuple, ses moyens et protège les vôtres. Par exemple, les terroristes de Daesh se font financer leurs actions terroristes par le versement d'allocation de l'état français, comme le RSA.

[14] Le tchoung est une ancienne unité de mesure chinoise qui contenait 8, 33 hectolitres.

valeur d'un ché[15], ayez-en vingt dans le vôtre. Ne laissez échapper aucune occasion de l'incommoder ; faites-le périr en détail, trouvez le moyen de l'irriter pour le faire tomber dans quelque piège[16], provoquez des diversions pour lui faire diminuer ses forces en les dispersant, en lui massacrant quelques partis de temps à autre, en lui enlevant ses convois, ses équipages et tout ce qui pourrait vous être de quelque utilité.

Quand il aura été pris plus de dix chars sur l'ennemi, commencez par récompenser libéralement aussi bien ceux qui auront conduit l'entreprise que ceux qui l'auront exécutée. Que ces chars soient utilisés comme les vôtres mais, auparavant, ôtez-en les marques distinctives qui peuvent s'y trouver. Traitez bien les prisonniers, nourrissez-les comme vos propres soldats, afin qu'ils se trouvent mieux chez vous qu'ils ne l'étaient dans leur propre camp ou dans leur patrie. Ne les laissez jamais oisifs, tirez parti de leurs services avec toutes les précautions convenables et conduisez-vous, en somme, comme s'ils se fussent enrôlés librement sous votre bannière.

Si vous faites exactement ce que je viens de vous indiquer, les succès accompagneront vos pas,

---

[15] Le ché est une unité de poids correspondant à environ 56 kilos.

[16] Harceler son adversaire, profiter de chaque occasion pour le gêner, l'incommoder. Il devra sans cesse vous surveiller, vous répondre, s'occuper d'empêcher vos actions. Pendant ce temps-là, il ne pourra s'occuper correctement de ses activités. C'est le principe même de l'art de la guerre selon les Chinois. Poussé dans ses retranchements par votre guérilla, il commettra des erreurs que vous saurez exploiter.

partout vous serez vainqueurs, vous ménagerez la vie de vos soldats, vous affermirez votre pays dans ses anciennes possessions, vous lui en procurerez de nouvelles, vous accroîtrez la splendeur et la gloire de l'État et le Seigneur ainsi que ses sujets vous seront redevables de la douce tranquillité dans laquelle ils couleront désormais leurs jours. Est-il rien qui soit plus digne de votre attention et de tous vos efforts ?

Article III : De ce qu'il faut avoir prévu avant le combat.

Sun Tse dit :

Voici quelques maximes dont vous devez être pénétré avant que de vouloir forcer des villes, ou gagner des batailles.

D'abord conserver son pays et les droits qui en découlent et ensuite seulement conquérir le pays ennemi ; assurer le repos des cités de votre nation : voilà l'essentiel, troubler celui des villes ennemies n'est qu'un pis-aller ; protéger contre toute insulte les villages amis, c'est votre premier devoir ; faire des irruptions sur les villages ennemis ne se justifie que par la nécessité ; empêcher que les hameaux et les chaumines de nos paysans subissent le moindre dommage : voilà ce qui mérite votre attention ; dévaster les installations agricoles de vos ennemis, c'est ce qu'une disette doit seule vous faire entreprendre.

Quand vous serez bien pénétré de ces principes, vous pourrez attaquer les villes ou engager les batailles : je vous garantis le succès. Toutefois, livrer cent combats et remporter cent victoires, c'est bien, mais ce n'est pas le meilleur. Sans bataille, immobiliser l'armée ennemie, voilà qui est l'excellent. En agissant ainsi, la conduite du général ne différera pas de celle des plus vertueux personnages ; elle s'accordera avec le Ciel et la Terre dont les actions tendent à la production et à la conservation des choses plutôt qu'à leur destruction. Jamais le Ciel n'approuva l'effusion du sang humain : c'est lui qui donne la vie aux hommes ; lui seul doit être le maître de la trancher.

Ainsi, sans donner de batailles, tâchez d'être victorieux, ce sera le cas où, plus vous vous élèverez au-dessus du bon, plus vous approcherez de l'excellent. Les grands généraux y parviennent en éventant toutes les ruses de l'ennemi, en faisant avorter ses projets, en semant la discorde parmi ses partisans, en le tenant toujours en haleine, en le privant des secours étrangers qu'il peut recevoir et en lui enlevant toute possibilité d'entreprendre rien qui puisse être avantageux pour lui.

Si vous êtes contraint de faire le siège d'une place et de la réduire, disposez vos chars, vos boucliers et vos machines de guerre de telle sorte que rien ne fasse défaut quand il faudra monter à l'assaut. Si, en moins de trois mois, la place n'a pas été amenée à capituler, c'est qu'il y a eu faute de votre part. Vous devez la trouver et la réparer. Redoublez vos efforts, lors de l'assaut, imitez la vigilance, l'activité, l'ardeur et l'opiniâtreté des fourmis. Je suppose qu'auparavant, vous aurez construit des retranchements, élevé des tours permettant de dominer l'ennemi et que vous aurez pensé à tout ce qui pourrait survenir de fâcheux. Mais si, malgré ces précautions, vous perdez un tiers de vos soldats, sans être victorieux, ne doutez pas que vous avez mal attaqué.

Un habile général ne se trouve jamais réduit à de telles extrémités : sans donner de batailles, il sait soumettre l'ennemi ; sans répandre une goutte de sang, sans tirer l'épée, il fait tomber les villes ; sans franchir la frontière, il conquiert les royaumes étrangers et, dans le temps minimum, à la tête de ses troupes, il procure à son Prince la gloire immortelle, assure le bonheur de ses compatriotes et fait que l'Univers lui est redevable du repos et de la paix.

Par rapport à l'ennemi, vous pouvez vous trouver dans une infinité de situations qu'on ne peut toutes ni prévoir, ni énoncer. C'est votre expérience qui vous suggérera ce que vous aurez à faire dans chaque cas particulier ; je me borne à vous donner quelques conseils généraux.

Dix fois plus fort que l'ennemi, enveloppez-le sans lui laisser la moindre issue.

Cinq fois plus fort que l'ennemi, attaquez-le par quatre côtés à la fois.

Deux fois plus fort, partagez votre armée de telle sorte que l'une des parties immobilise l'ennemi et que l'autre l'attaque.

Si vous êtes à égalité, engager le combat, c'est le hasard, mais si vous êtes moins fort que l'ennemi, soyez sur vos gardes, évitez la moindre faute. Efforcez-vous de vous protéger, évitez le combat autant que possible : la prudence et la fermeté d'une petite force peuvent arriver à lasser et à maîtriser même une nombreuse armée.

Celui qui est à la tête des armées peut se considérer comme le soutien de l'État, et il l'est en effet. S'il en a les qualités, l'État sera dans la sécurité ; si elles lui font défaut, l'État en souffrira infailliblement et peut être exposé à la perte. Il n'est qu'une façon, pour un général, de bien servir l'État, mais il en existe de multiples pour lui porter un très grand préjudice. Pour réussir, la bravoure et la prudence doivent toujours accompagner les efforts et une conduite habile, mais il ne faut qu'une faute pour tout perdre et à combien n'est-il pas exposé d'en commettre ? S'il lève des troupes hors de saison, s'il les met en route lorsqu'elles doivent stationner, s'il ne connaît pas exactement les lieux où il doit les conduire, s'il les poste mal, les fatigue sans utilité, les déplace sans nécessité, s'il ignore les besoins de chacun de ceux qui composent son armée, si chacun n'est pas à sa place suivant ses aptitudes, afin qu'un bon parti soit tiré de celles-ci, s'il ne connaît pas le fort et le faible de chacun et leur degré de fidélité, s'il ne fait pas observer la discipline dans toute sa rigueur, s'il ne sait pas commander, s'il est irrésolu et hésite lorsqu'il faut prendre parti rapidement, s'il ne sait pas récompenser, tolère que les officiers briment les soldats, ne prévient pas les dissensions qui peuvent surgir parmi les chefs : un tel général qui commet ces fautes épuise l'État d'hommmes et de ressources, déshonore sa patrie et devient lui-même la honteuse victime de son incapacité.

Pour vaincre ses ennemis, cinq choses principales sont nécessaires à un général :

1° Savoir s'il peut combattre et quand il faut cesser ;

2° Savoir s'il faut engager peu ou beaucoup ;

3° Savoir gré aux simples soldats autant qu'aux officiers ;

4° Savoir mettre à profit toutes les circonstances ;

5° Savoir que le Souverain approuve tout ce qui est fait pour son service et sa gloire.

Si, en outre, vous savez ce que vous pouvez et ce que vous ne pouvez pas et ce dont sont capables ou non vos subordonnés, si vous livrez cent guerres, cent fois vous serez victorieux. Si vous ne savez que ce que vous pouvez vous-même, mais ignorez ce que peuvent vos subordonnés, une fois vous serez vainqueur et une fois vous serez vaincu. Mais si vous ne vous connaissez ni vous-même, ni vos subordonnés, autant de combats, autant de défaites.

Article IV : De la contenance des troupes.

Sun Tse dit :

Autrefois, ceux qui avaient l'expérience des combats, ne s'engageaient jamais dans les guerres qu'ils prévoyaient ne devoir pas finir avec honneur. Avant de les entreprendre, ils avaient l'assurance du succès. Si les circonstances ne leur semblaient pas propices, ils attendaient des temps plus favorables. Ils avaient pour principe que l'on n'était vaincu que par sa propre faute, comme on n'était victorieux que par la faute des ennemis.

Savoir ce qu'il faut craindre ou espérer, avancer ou reculer suivant l'état de ses troupes ou de celui des ennemis, aller au combat quand on est le plus fort et attaquer le premier ou, si l'on est en infériorité, se retrancher sur la défensive, c'est ce que pratiquent les généraux expérimentés.

L'art de pratiquer la défensive avec à-propos ne le cède pas à celui de l'offensive. Ceux qui veulent réussir dans le premier doivent s'enfoncer jusqu'à la neuvième terre[17]. Ceux qui veulent exceller dans le

---

[17] Les Chinois divisent la terre en neuf carré ayant chacun ses propres vertus au fur et à mesure qu'il s'éloigne du centre. Ne pas hésiter à s'enfoncer dans la neuvième terre, c'est-à-dire celle-là

second doivent s'élever jusqu'au neuvième ciel[18]. Dans les deux cas, il faut d'abord penser à conserver ce que l'on a. Égaler ceux qui ont commandé honorablement, c'est le bon. Vouloir être au-dessus du bon, en voulant les dépasser par un excès de raffinement n'est pas le bon. Au surplus, triompher par le moyen des combats a toujours été regardé comme le bon, mais je vous le dis : ce qui est au-dessus du bon est souvent pire que le mauvais[19].

Point n'est besoin aux animaux d'une force exceptionnelle pour porter, à la fin de l'automne, leur fourrure d'hiver ; point n'est besoin d'une rare acuité visuelle pour découvrir les étoiles ; point n'est besoin d'une oreille très fine pour entendre les roulements du tonnerre : tout cela est simple et naturel. Les chefs habiles ne trouvent pas plus de difficultés à la guerre, car ils ont tout prévu, ils ont paré à toutes les éventualités ; ils connaissent le bon et le mauvais de leur situation et de celle de l'ennemi, savent ce qu'ils peuvent et jusqu'où ils peuvent aller. La victoire est une suite naturelle de leur savoir et de leur conduite.

Tels étaient nos Anciens : rien ne leur était plus facile que vaincre. C'est pourquoi ils s'estimaient indignes des titres de vaillants, de héros, d'invincibles,

---

plus éloigné du carré central permet de maîtriser l'art de la défensive.

[18] Le ciel est divisé en neuf secteurs avec ses propres attributions. S'approcher du neuvième ciel permet de dominer l'art de l'offensive, c'est-à-dire comprendre les desseins de Dieu.

[19] L'excès dans l'art de la guerre est une mauvaise chose.

car ils n'attribuaient leurs succès qu'aux soins attentifs qu'ils avaient eu d'éviter la moindre faute.

Avant de combattre, ils tentaient d'affaiblir la confiance de l'ennemi en l'humiliant, en le mortifiant, en soumettant ses forces à rude épreuve[20]. Inversement, leurs propres troupes étaient en sûreté dans des camps bien établis, à l'abri de toute surprise et dans des lieux inabordables. Le bon est que les troupes demandent le combat et non pas la victoire, car les troupes qui veulent se battre savent qu'elles sont entraînées et aguerries alors que c'est la paresse et la présomption qui font réclamer la victoire et amènent la défaite. C'est ainsi qu'ils étaient assurés du triomphe ou du désastre avant d'avoir fait un pas pour s'assurer de l'un ou se préserver de l'autre.

Ceux qui sont à la tête des armées ne doivent rien oublier pour se rendre dignes de l'emploi qu'ils exercent. Ils pensent aux mesures pour évaluer les dimensions et les quantités ; ils connaissent les règles du calcul, les effets de la balance. La victoire n'est que le fruit d'une supputation exacte : réfléchissez à cela et vous saurez tout ce qu'il faut pour n'être jamais vaincu.

Sachez le bon que produit la terre et vous profiterez de ses ressources ; connaissez les routes et vous prendrez la bonne ; par le calcul, sachez diviser exactement pour donner à chacun, en vivres et munitions, sans excès, ni trop peu. La balance vous apprendra à répartir la justice, les récompenses et les punitions. Enfin, rappelez-vous les victoires qui ont été remportées, les circonstances de la lutte et vous saurez

---

[20] C'est la guerre psychologique de propagande qui doit être utilisée préalablement à tout engagement militaire.

ainsi l'usage qu'on en a fait, les avantages qu'elles ont procurés ou les préjudices qu'elles ont causés aux vainqueurs eux-mêmes.

Un Y surpasse un Tchou[21]. Dans les plateaux d'une balance, l'Y emporte le Tchou. Soyez à vos ennemis ce que l'Y est au Tchou. Après un premier succès, ne vous endormez pas et ne laissez pas vos troupes se reposer mal à propos. Tombez sur l'ennemi avec la force du torrent qui se précipiterait de la hauteur de mille Jin[22]. Ne lui laissez aucun répit et ne pensez à recueillir les fruits de la victoire que lorsque sa défaite totale vous permettra de le faire avec loisir et tranquillité.

---

[21] Un Y pèse 20 onces chinoises (soit environ 700 grammes). Un Tchou est la 1 200ᵉ partie d'une once (environ 3 centigrammes).

[22] Un Jen contient 8 pieds chinois. Le pied chinois ancien mesurait environ 0,26 m. 1 000 Jen correspondraient approximativement à 2 000 mètres.

Article V : De l'habilité dans le commandement des troupes.

Sun Tse dit :

Prenez le nom de tous vos officiers, inscrivez-les sur un répertoire spécial avec l'indication de leurs capacités et de leurs aptitudes, afin que chacun soit employé suivant ses qualités. Que quiconque est employé par vous soit persuadé que vous avez, avant tout, pensé à le préserver contre tout dommage. Les troupes qu'on lance sur l'ennemi doivent être comme des pierres qu'on jette sur des œufs. Entre l'ennemi et vous, il doit en être comme du faible au fort, du vide au solide. Attaquez ouvertement, mais soyez vainqueur en secret. C'est en cela que consiste l'habileté et la perfection même du commandement des troupes. Grand jour et ténèbres, apparence et secret : voilà tout l'art. De même qu'avec les cinq tons de la musique, les cinq couleurs et les cinq goûts[23], on peut, par combinaison, obtenir des effets infinis, la possession des principes donne au général dans

---

[23] En Chine, il y a cinq tons naturels (Koung, Chang, Kio, Tche et Yu), cinq couleurs fondamentales (jaune, rouge, vert, blanc et noir) et cinq goûts caractérisés (doux, aigre, salé, amer et piquant).

n'importe quelle circonstance toutes les solutions qui conviennent.

En matière d'art militaire et de gouvernement des troupes, on ne considérera que ces deux éléments : ce qui doit être fait en secret et ce qui doit être exécuté ouvertement, mais, dans la pratique, c'est une chaîne sans fin d'opérations, c'est comme une roue qui n'a pas d'extrémités. Chaque opération militaire a des parties qui demandent le grand jour et des parties qui veulent le secret de la nuit. On ne peut les déterminer à l'avance ; seules les circonstances permettent de les discerner. Pour resserrer le lit d'un torrent, il faut disposer d'énormes quartiers de roches ; pour prendre un petit oiseau, le filet le plus fin suffit amplement. Et, pourtant, le torrent parvient à rompre ses digues et, à force de se débattre, le petit oiseau brise les mailles du filet. Aussi quelques bonnes, quelques sages que soient les mesures que vous avez prises, ne cessez pas d'être sur vos gardes, de veiller et de penser à tout et ne vous abandonnez jamais, ainsi que vos troupes, à une présomptueuse sécurité.

Ceux-là possèdent véritablement l'art de bien commander les troupes qui ont su et qui savent rendre leur puissance formidable, qui ont acquis une autorité sans borne, qu'aucun événement ne peut abattre, qui ne font rien avec précipitation, qui gardent, dans les moments de surprise, le même sang-froid que s'il s'agissait d'actions méditées, dans les cas prévus longtemps auparavant, et pour qui la promptitude dans la décision n'est que le fruit de la méditation préalable jointe à une longue expérience.

La force de ces sortes de chefs est comparable à celle de ces grands arcs qu'on ne saurait bander sans le secours d'une mécanique. Leur autorité a la puissance des flèches lancées par ces arcs : elle est irrésistible et elle renverse tout. Comme la sphère dont tous les points de la surface sont semblables, ils sont également forts partout et, partout, offrent la même résistance. Au cours de la mêlée et dans le désordre apparent, ils tiennent un ordre imperturbable ; de la faiblesse, ils font surgir la force, de la poltronnerie et de la pusillanimité, ils font sortir le courage et l'intrépidité. Mais faire servir le désordre à l'ordre n'est possible qu'à celui qui a profondément réfléchi aux événements qui peuvent survenir ; engendrer la force dans la faiblesse n'appartient qu'à ceux qui détiennent une absolue maîtrise et une autorité incontestée. Savoir faire sortir le courage et l'intrépidité de la poltronnerie et de la pusillanimité, c'est être héros soi-même, c'est être plus qu'un héros, c'est être au-dessus des intrépides.

Si grand et si prodigieux que cela paraisse, j'exige cependant quelque chose de plus de ceux qui commandent les troupes : c'est l'art de faire mouvoir à son gré les forces ennemies. Ceux qui possèdent cet art admirable disposent de l'attitude de leurs troupes et de l'armée qu'ils commandent. L'ennemi vient à eux quand ils le désirent et il leur fait des offres ; ils donnent à l'ennemi et celui-ci accepte ; ils lui abandonnent et il vient prendre. Prêts à tout, ils profitent de toutes les circonstances ; toujours méfiants, ils font surveiller les subordonnés qu'ils emploient et, se méfiant d'eux-mêmes, ils ne négligent aucun moyen qui puisse leur être utile. Ils regardent les hommes qu'ils doivent combattre comme des pierres ou des pièces de bois qui doivent descendre une pente. Pierre et bois sont inertes par nature ; ils ne sortent de leur repos que par l'impulsion qu'ils reçoivent. Mis en mouvement, s'ils sont carrés, ils s'arrêtent vite ; ronds, ils roulent jusqu'à ce qu'ils rencontrent une résistance invincible.

Faites-en sorte que l'ennemi soit entre vos mains comme une pièce arrondie que vous feriez rouler d'une hauteur de mille Jin[24]. Par-là, on reconnaîtra votre autorité et votre puissance et que vous êtes digne du poste que vous occupez.

---

[24] On doit amener son adversaire à agir d'une certaine manière. La tentation qui lui est offerte est si alléchante qu'il saute sur l'appât sans arrière-pensée, s'engage à fond sans réserve et donne dans le piège ainsi tendu. Le plan d'opérations de l'armée allemande, en mai 1940, est une excellente application du principe. Figées derrière la frontière belge, les forces alliées ont l'inertie du bloc de pierre équarri. Pour leur donner la mobilité, les Allemands violent la neutralité belge. Ce signal déclenche immédiatement la mise en mouvement des forces alliées à travers la Belgique, dans la direction attendue par l'ennemi. Celui-ci attaque par la zone laissée sans fortification par la ligne Maginot pour encercler leurs forces. Les alliés sont contraints de capituler ou de s'embarquer à Dunkerque en abandonnant leurs matériels.

Article VI : Du plein et du vide[25].

Sun Tse dit :

Avant le combat, une chose très essentielle, c'est de bien choisir le point de rassemblement de vos troupes. Pour ne pas y être devancé par l'ennemi, il faut agir avec diligence, être installé avant qu'il ait eu le temps de vous reconnaître, avant même qu'il ait appris votre marche pour vous y porter. Être le premier en place est à rechercher.

Le général ne doit s'en rapporter qu'à lui-même pour faire un choix de cette importance.

Outre la priorité d'occupation, un chef habile doit obtenir plus encore du choix qu'il effectue : être maître du rassemblement et de tous les mouvements de ce dernier. Il n'attend pas que l'ennemi l'appelle : il le fait venir et, si vous, vous avez réussi à inciter l'ennemi à venir volontairement où vous voulez précisément qu'il aille, ne manquez pas de lui aplanir toutes les difficultés et de lever tous les obstacles qu'il pourrait rencontrer, de crainte qu'alarmé par les impossibilités qu'il suppute ou les inconvénients trop manifestes qu'il découvre, il renonce à son dessein. Vous en seriez

---

[25] C'est un élément essentiel dans le pensée chinoise, l'alternance du plein et du vide, du consistant et du meuble, du solide et du faible.

ainsi pour votre travail et pour vos peines et peut-être même aussi pour quelque chose de plus. La grande science est donc de lui faire vouloir tout ce que vous voulez qu'il fasse et de lui fournir, sans qu'il s'en aperçoive, tous les moyens de vous seconder.

Ayant ainsi disposé de votre point point rassemblement et de celui de l'ennemi, patientez tranquillement, afin que votre adversaire esquisse ses premiers mouvements ; mais, en attendant, efforcez-vous de l'affamer au milieu de l'abondance, de le tourmenter dans le sein du repos et de lui susciter mille inquiétudes dans le temps même où il devrait se trouver en pleine sécurité. Mais si l'ennemi ne répond pas à votre attente, qu'il reste inerte et ne paraît pas disposé à quitter sa zone de rassemblement, sortez vous-même de la vôtre. Par votre mouvement, provoquez le sien, donnez-lui de fréquentes alertes, faites-lui naître l'occasion de quelque imprudence dont vous puissiez profiter.

S'il s'agit de garder, gardez avec force : soyez vigilant ; s'il s'agit d'aller, allez promptement, mais en sûreté, par des chemins tenus secrets. L'ennemi ne doit pas soupçonner dans quels lieux vous vous rendez. Sortez à l'improviste d'où il ne vous attend pas et tombez sur lui quand il y pensera le moins.

Lorsque, par marches et contremarches, vous aurez parcouru l'espace de mille li[26] sans avoir couru le moindre dommage, sans même avoir été arrêté, vous pourrez conclure : ou bien que l'ennemi ignore vos desseins, ou qu'il a peur de vous, ou qu'il ne sait pas garder les positions qui peuvent avoir de la valeur pour lui. Ne tombez pas dans un pareil défaut.

---

[26] Mille li correspondent à 576 kilomètres.

Le grand art d'un général est de laisser toujours ignorer à l'ennemi le lieu où il aura à combattre et de lui dissimuler les positions qu'il fait préparer. S'il y parvient et réussit à cacher le moindre de ses mouvements, il n'est pas seulement un habile général, c'est un homme extraordinaire, un vrai prodige, car, sans être vu, il voit ; il entend sans être entendu ; il agit sans bruit et dispose à sa convenance du sort de ses ennemis.

En outre si, l'armée ennemie étant déployée, vous n'apercevez dans ses lignes aucune solution de continuité, ne tentez pas d'enfoncer le front adverse. Si, décampant ou faisant retraite, l'ennemi opère avec diligence, marche en bon ordre, ne tentez pas de le poursuivre ; ou, si vous le poursuivez, que ce ne soit jamais ni trop loin, ni en pays non reconnu. Quand votre intention est d'engager la bataille, si l'ennemi reste dans ses retranchements, n'allez pas l'attaquer, surtout s'il est bien fortifié, couvert par de larges fossés ou de hautes murailles. De même si, n'estimant pas opportun de livrer le combat, vous voulez l'éviter, tenez-vous derrière vos retranchements, prenez vos dispositions pour soutenir l'attaque et préparez les contre-attaques utiles. Laissez alors l'ennemi se fatiguer, attendez qu'il soit en désordre ou en sécurité : vous pourrez alors contre-attaquer avec avantage.

Veillez attentivement à ne jamais séparer les différents corps de votre armée. Toujours ils doivent pouvoir se prêter une aide réciproque. Au contraire, par vos diversions, faites que l'ennemi sépare ses éléments. S'il se partage en dix corps, que chacun de ceux-ci soit attaqué par toute votre armée réunie : alors, toujours vous combattrez avec avantage. Ainsi, le grand nombre sera toujours de votre côté, quelque faible que soit votre armée. Or, toutes choses étant égales d'ailleurs, la victoire est ordinairement pour le plus grand nombre.

Que l'ennemi ne sache jamais comment vous avez l'intention de le combattre, ni la manière dont vous vous disposez à l'attaquer ou à vous défendre. Dans son ignorance, il multipliera les préparatifs, tâchera de se rendre fort partout, divisera ses forces : ce qui occasionnera sa perte.

Ne l'imitez pas : faites choix d'un secteur pour attaquer et mettez-y la majeure partie de vos forces. Pour l'attaque de front, mettez en première ligne vos troupes d'élite, car on résiste rarement à un premier effort alors qu'on répare difficilement un échec de début. L'exemple des braves entraîne les timorés. Ceux-ci suivent aisément le chemin ouvert, alors qu'ils seraient incapables de le frayer. Si vous voulez faire effort à une aile, mettez-y vos meilleures troupes et à l'autre ce qui est moins bon.

Il faut, en outre, connaître à fond le terrain où vous allez combattre, comme aussi le jour et l'heure où vous engagerez l'action : c'est un calcul qu'il ne faut pas négliger. Si l'ennemi est encore loin de vous, renseignez-vous, jour par jour, de ses étapes ; immobile dans votre camp, suivez-le pas à pas. Vos yeux ne le voient pas, mais vous voyez tout ce qu'il fait ; vos oreilles ne l'entendent pas, mais vous écoutez les ordres qu'il donne ; ainsi, témoin de sa conduite, vous pénétrez dans le fond de son cœur pour y lire la crainte et l'espérance.

Instruit de ses plans, de ses marches et de ses manœuvres, chaque jour vous le verrez se rapprocher du théâtre où vous voulez qu'il vienne. A ce moment, vous l'obligerez à marcher de telle sorte que la tête de ses troupes ne puisse recevoir de secours de la queue, que son aile droite ne puisse aider la gauche et vous le combattrez ainsi dans le temps et dans le lieu qui vous conviendront le mieux.

Aux approches du jour choisi pour la bataille, ne soyez ni trop loin, ni trop près de l'ennemi. Quelques li seulement, c'est le bon et dix li entiers sont le plus grand éloignement qu'il faudra laisser entrer votre armée et la sienne[27].

Ne cherchez pas le nombre : la quantité est souvent plus nuisible qu'utile. Sous un bon général, une petite armée, bien disciplinée, est invincible. Les belles et nombreuses troupes du roi de Yee ne lui servirent de rien lorsque le roi de Oe[28] avec de faibles effectifs le vainquit, ne lui laissant de sa principauté qu'un souvenir amer et la honte de l'avoir mal gouvernée.

Que votre petite armée n'ait pas, néanmoins, la présomption de se jeter, sans réflexion, sur une armée plus nombreuse. Jamais précautions ne furent plus nécessaires. Avec les connaissances dont j'ai parlé, le général discerne s'il doit prendre l'offensive ou rester sur la défensive, quand il convient de ne pas bouger et quand il faut se mettre en mouvement et, s'il est forcé de combattre, de la contenance de l'ennemi, il déduit s'il sera vainqueur ou vaincu. Avant donc d'attaquer,

---

[27] Environ 6 000 mètres, c'est-à-dire la limite de ce que le renseignement à vue peut recueillir avec exactitude.

[28] Le royaume de Yee était situé au sud de l'embouchure du Yang Tse Kiang. Le royaume de Oe dans la vallée moyenne du Fleuve jaune.

examinez scrupuleusement si vous avez mis toutes les chances de votre côté.

Au moment de déclencher l'action, lisez dans le regard de vos soldats, observez leurs premiers mouvements : de leur ardeur ou de leur nonchalance, de leur intrépidité ou de leur hésitation, vous pourrez conclure au succès ou à la défaite. C'est un présage qui ne trompe pas que la contenance des troupes au moment de l'engagement. Tel qui a remporté une victoire décisive, eût été battu un jour plus tôt ou quelques heures plus tard.

Il en est des troupes comme d'une eau courante : la source élevée, la rivière coule rapidement ; basse, l'eau stagne ; si une cavité s'offre, l'eau la remplit dès qu'elle peut y accéder ; un trop-plein se manifeste-t-il, le surplus s'écoule aussitôt. Ainsi, en parcourant le front, vous remplissez les vides et vous enlevez les excédents ; vous abaissez le trop haut et vous relevez le trop bas. Le ruisseau suit la pente du terrain sur lequel il coule : l'armée doit s'adapter au terrain sur lequel elle se meut. Sans pente, l'eau ne peut couler ; mal commandées, les troupes ne peuvent vaincre : c'est le général qui décide de tout. Son habileté lui fait tirer parti de toutes les circonstances, même les plus dangereuses et les plus critiques. Il fait prendre à son armée les dispositions qu'il veut ainsi qu'à celle de l'ennemi. Il n'y a pas de qualités permanentes qui rendent les troupes invincibles et les plus médiocres soldats peuvent devenir d'excellents guerriers : C'est pourquoi il ne faut laisser échapper aucune occasion favorable. Les cinq éléments[29] ne sont ni partout, ni toujours également purs ; les quatre saisons ne se succèdent pas, chaque année, de la même manière, le soleil ne se lève et ne se couche pas tous les jours au même point de l'horizon ; la lune a différentes phases. Une armée bien commandée et bien disciplinée présente aussi ces variétés.

---

[29] Les cinq éléments sont la Terre, l'Eau, le Bois, le Feu et le Métal.

Article VII : Des avantages qu'il faut se procurer.

Sun Tse dit :

Lorsque le général a réuni dans une région toutes ses troupes, il doit leur procurer des positions avantageuses : c'est la condition de la réussite de ses projets et c'est plus difficile qu'on ne l'imagine.

Sur les positions, on considérera le proche et le lointain, les gains et les pertes, le travail et le repos, le diligent et le lent, c'est-à-dire rapprocher ce qui est loin, faire un avantage de ses pertes et transformer en travail utile l'oisiveté dégradante ; c'est encore agir de telle sorte que l'ennemi vous croit loin quand vous êtes près, que vous soyez fort alors que l'ennemi s'imagine que vous êtes affaibli par les pertes qu'il vous a occasionnées, que vous vous employez à des travaux utiles quand il se persuade que vous êtes inerte et que vous n'avez jamais été si prompt que lorsque vous semblez long à mouvoir : c'est ainsi que vous le tromperez, que vous l'endormirez au moment où vous vous disposez à le surprendre et sans qu'il ait le temps de se reconnaître.

L'art de profiter du proche et du lointain consiste à tenir l'ennemi à distance de vos lieux de stationnement et de vos postes importants, à l'éloigner de ce qui pourrait lui servir utilement et rapprocher de ce qui peut vous être avantageux, à vous tenir constamment sur vos gardes pour ne pas être surpris et à être toujours en mesure de surprendre l'adversaire.

De plus, il n'est pas bon de s'engager dans de petites actions dont il n'est pas certain que vous tiriez profit, mais il est encore moins bon, si vous n'y êtes pas forcé, de vous engager dans une action générale si vous n'êtes pas certain d'une victoire complète. En pareil cas, la précipitation est toujours dangereuse. Risquée mal à propos, la bataille peut occasionner votre perte. Le moins qu'il puisse vous arriver, si le résultat est douteux ou la réussite incertaine, c'est de vous voir frustré de la plus grande partie de vos espérances et de ne pas parvenir à vos fins.

L'engagement pour la bataille décisive ne doit avoir lieu que si vous l'avez prévue, et que vous y soyez préparé depuis longtemps. Ne comptez pas sur le hasard. Lorsque vous serez résolu de livrer la bataille et que vos préparatifs en seront achevés, mettez en sûreté les bagages inutiles, allégez les troupes de tout ce qui les embarrasse ou les surcharge et ne leur laissez, en fait d'armes, que ce qu'elles peuvent aisément porter.

Si vous devez faire mouvement, hâtez-vous marchez jour et nuit et doublez les étapes, mettez en tête les troupes d'élite et, en queue, les médiocres. Prévoyez tout, disposez tout et fondez sur l'ennemi quand il vous croit encore à 100 li d'éloignement[30] : dans ce cas, je vous prédis la victoire. Mais si, ayant à faire 100 li de chemin avant d'atteindre l'ennemi, vous

---

[30] 100 li correspondent à trois étapes de vingt kilomètres.

n'en parcourez que 50 et que l'ennemi, s'étant porté à votre rencontre, en ait fait autant, il y a cinq chances sur dix que vous soyez battu comme deux chances sur trois que vous soyez vainqueur. Si l'ennemi n'apprend que vous allez à lui que lorsqu'il ne vous reste plus que 30 li à faire pour pouvoir le joindre, il y a peu de chance que, dans le faible temps qui lui reste, il puisse préparer une parade au coup qui le menace.

Que le souci de faire reposer vos troupes, lorsque vous serez arrivé, ne vous fasse pas différer l'attaque. Un ennemi surpris est à demi vaincu. Mais si vous lui laissez le temps de se reconnaître, il trouvera des ressources pour vous échapper et peut-être pour vous perdre. Aussi, pour ménager vos troupes, ne négligez rien de ce qui peut contribuer au bon ordre, à la santé, à la sûreté, au bon entretien des armes, au transport et à la répartition des vivres, car si ceux-ci viennent à manquer vous ne pourrez réussir. Par vos intelligences secrètes avec les ministres étrangers ou par les informations prises sur les desseins des princes alliés ou tributaires, par la connaissance des intrigues, bonnes ou mauvaises qui peuvent influer sur la conduite de votre prince et modifier les projets que vous exécutez, vous vous assurez la possibilité de mener à bien vos desseins. A leurs cabales, vous opposez votre prudence et votre acquis. Ne les méprisez pas, sachez parfois recourir à leurs avis comme s'ils vous étaient précieux ; soyez ami de leurs amis, n'opposez pas leurs intérêts aux vôtres, cédez-leur pour l'accessoire, entretenez avec eux l'union la plus étroite qu'il vous sera possible.

Mais plus que tout cela : connaissez avec exactitude et dans le plus infime détail tout ce qui vous environne, les couverts (forêts ou bois), les obstacles (fleuves, rivières, ruisseaux, marécages), les hauteurs (montagnes, collines, buttes), les espaces libres (plaines, vallées à faible pente), c'est-à-dire tout ce qui peut servir ou nuire à vos troupes. Si vous ne pouvez voir par vous-même, faites reconnaître et ayez des guides sûrs.

Lorsque les circonstances commandent la tranquillité, que vos troupes vivent dans un calme semblable à celui qui règne dans les forêts épaisses. S'il faut que l'ennemi vous entende, surpassez le bruit du tonnerre ; s'il faut être ferme, soyez montagne ; s'il faut courir au pillage, soyez torrent de feu ; éclair pour éblouir l'ennemi, soyez obscur comme la nuit pour cacher vos projets. Ne tentez rien en vain mais seulement dans l'espérance et même la certitude d'un avantage réel et que le butin soit équitablement partagé pour ne pas faire de mécontents. Prévoyez de quelle manière, en quelque circonstance que ce soit, vous pourrez transmettre vos ordres et savoir qu'ils sont exécutés. Si la voix ne porte pas, servez-vous du tambour et du Lo[31], des étendards et pavillons. Convenez des signaux que vous utiliserez. Tambours et Lo serviront de préférence la nuit ; étendards et pavillons le jour. La nuit, le bruit servira autant à jeter l'épouvante chez vos ennemis qu'à raffermir le courage de vos soldats. Le jour, le nombre des fanions, leurs éclatantes couleurs, leurs combinaisons

---

[31] Le Lo militaire est un instrument de percussion constitué par un bassin de bronze d'environ 1 mètre de diamètre et 10 centimètres de profondeur. Heurté avec un maillet de bois, il fait entendre des sons prolongés, perceptibles de très loin.

instruiront vos troupes, les tiendront en haleine et jetteront trouble et perplexité chez l'ennemi. Ainsi ce qui vous sera profitable sera nuisible à l'adversaire. Votre armée sera promptement avisée de vos volontés, alors que l'ennemi sera rendu perplexe ; vos troupes seront aussi rassurées que l'ennemi sera inquiet de ce que vous pensez entreprendre et qu'il ne peut que craindre.

Ne laissez pas un brave sortir du rang pour provoquer l'ennemi. Il est rare qu'il en revienne et il en périt trop, soit par trahison, soit par la riposte du grand nombre.

Quand vos troupes paraissent animées de bonnes dispositions, utilisez leur ardeur : il faut savoir faire naître les occasions et en profiter lorsqu'elles sont favorables, mais il est bon de recueillir l'avis des chefs et leurs indications quand elles s'inspirent de l'intérêt général.

Le temps et les conditions atmosphériques doivent entrer en considération. L'air du matin et du soir donne de la force. Le matin, les soldats sont dispos ; le soir, ils ont toute leur vigueur. Au milieu du jour, ils sont mous et languissants ; pendant la nuit, ils aspirent au repos pour se retremper des fatigues.

Vous attaquerez l'ennemi avec chance quand il est faible ou fatigué à la condition d'avoir fait reposer vos troupes pour mettre de votre côté l'avantage de la force et de la vigueur.

Si l'ordre règne chez l'adversaire, attendez qu'il soit interrompu. Si vous êtes trop près de l'ennemi et que cela vous gêne, éloignez-vous pour l'attaquer quand il viendra à vous. S'il manifeste un excès d'ardeur, attendez que celle-ci se ralentisse et qu'il soit accablé par l'ennui et la fatigue. Quand il sera rangé comme les cigognes prêtes à s'envoler, gardez-vous d'aller à lui. S'il vient à vous, réduit au désespoir, pour vaincre ou pour mourir, évitez la rencontre. S'il retraite vers des lieux élevés, ne l'y poursuivez pas ; si vous êtes dans des lieux défavorables, n'y stationnez pas et si l'ennemi, réduit à l'extrémité, abandonne sa position, veut se frayer un chemin pour s'installer ailleurs, ne tentez pas de l'arrêter. S'il est agile et leste, ne courez pas après lui et s'il est dépourvu de tout, prévenez son désespoir.

Voilà les différents avantages que vous devez tâcher de vous procurer lorsque, à la tête d'une armée, vous aurez à vous mesurer avec des ennemis qui peuvent être aussi prudents et aussi vaillants que vous et ne pourraient être vaincus si vous n'usiez des stratagèmes que je viens d'énumérer.

Article VIII : Des neuf changements[32].

Sun Tse dit :

I. Sortez sans tarder des bas-fonds marécageux, des terres inondables, des forêts mal percées, des régions montagneuses dépourvues de chemins, des zones arides ou désertes, des pays coupés, de partout, enfin, où les communications sont difficiles et où les secours rapidement acheminés ne peuvent vous appuyer, en cas de besoin, mais recherchez les espaces libres où vos troupes peuvent se déployer et vos alliés vous apporter l'aide nécessaire.

II. Évitez le plus possible de faire stationner vos troupes dans des lieux privés de communication ou, si la nécessité vous y contraint, n'y demeurez que le temps qu'il faut pour en sortir et, dès votre arrivée, prenez les mesures efficaces pour le faire en sûreté et en bon ordre.

---

[32] Le titre « *des neuf changements* » donné par Sun Tse ne répond pas exactement au contenu de l'article. Celui-ci contient également les neuf dangers qui peuvent compromettre les actions militaires.

III. Quittez promptement les régions où il n'y a ni eau, ni vivres, ni fourrages. Faites-le en vous assurant que le lieu que vous avez choisi peut-être mis à l'abri d'une surprise de l'ennemi, qu'il est pourvu de ressources et que vous pourrez en sortir aisément et s'il est tel, n'hésitez pas à vous en emparer.

IV. Si vous êtes dans un lieu de mort, cherchez l'occasion de combattre. J'appelle lieu de mort ces régions dépourvues de ressources, malsaines aussi bien pour les vivants que pour les provisions qui se gâtent. En telle occurrence, n'hésitez pas à vous battre. Les troupes ne demanderont pas mieux, préférant risquer de mourir de la main de l'ennemi que de succomber misérablement sous le poids des maux qui vont les accabler.

V. Si, par hasard ou imprudence, une rencontre se produisait dans des lieux coupés de défilés, propices aux embuscades et desquels une prompte retraite est difficile, gardez-vous bien d'attaquer l'ennemi, mais, si celui-ci vous attaque, combattez jusqu'à la mort. Qu'un léger avantage ne vous incite pas à poursuivre : c'est peut-être un piège. Restez sur vos gardes même après les apparences d'une victoire complète.

VI. N'assiégez pas une place, si petite soit-elle, si elle est bien fortifiée, abondamment pourvue de vivres et de munitions et, si vous n'êtes renseigné sur l'état excellent où elle se trouve qu'après l'ouverture des travaux, ne vous obstinez pas à les poursuivre. Vous risquez d'échouer et d'être contraint d'abandonner honteusement.

VII. Ne négligez pas de prendre un petit avantage s'il est accessible sûrement et à bon compte. La somme de ceux que vous n'aurez pas saisis occasionne souvent de grandes pertes et d'irréparables dommage.

VIII. Avant de vous déterminer à prendre ces avantages, comparez le résultat qu'ils vous procureront avec les efforts, les consommations et les pertes qu'ils exigeront et jugez si vous pourrez les conserver.

IX. Quand il faut agir promptement, il ne faut pas attendre les ordres du Prince. Si même il vous faut agir contre les ordres reçus, faites-le sans crainte ni hésitation. Vous avez été mis à la tête des troupes pour vaincre l'ennemi et la conduite que vous tiendrez est celle qui vous eût été prescrite par le Prince s'il avait prévu les circonstances où vous vous trouvez.

Telles sont les neuf circonstances qui peuvent vous engager à changer vos dispositions. Au reste, un bon général ne doit jamais dire : « *Quoi qu'il arrive, je ferai telle chose, j'irai là, j'attaquerai l'ennemi, j'assiégerai telle place.* » Seules, les circonstances doivent le déterminer. Il ne doit pas s'en tenir à un système constant, ni à une manière unique de commander. Chaque jour, chaque occasion, chaque circonstance demande une application particulière des mêmes principes. Les principes sont bons en eux-mêmes, mais l'application qui en est faite les rend souvent mauvais.

Un grand général doit savoir l'art des changements. S'il se borne à une connaissance vague de certains principes, à une application routinière des règles de l'art, si ses méthodes de commandement sont dépourvues de souplesse, s'il se borne à examiner les situations conformément à quelques schémas, s'il prend ses résolutions d'une manière automatique, il ne mérite pas le nom qu'il porte et il ne mérite même pas de commander.

Par le rang qu'il occupe, un général est un homme au-dessus d'une multitude d'hommes ; il doit donc savoir gouverner les hommes et les conduire. Il faut qu'il soit au-dessus d'eux, non pas seulement par sa dignité, mais par son intelligence, son savoir, sa compétence, sa conduite, sa fermeté, son courage et ses vertus. Il doit savoir discerner, parmi les avantages, ceux qui ont du prix et ceux qui n'en ont pas, ce qu'il y a de réel ou de relatif dans les pertes subies et compenser avantages et pertes les uns par les autres, et tirer parti de tout, savoir tromper l'ennemi et n'en être pas dupe, n'ignorer aucun des pièges qu'on peut lui tendre et pénétrer toutes les ruses, de quelque nature qu'elles soient. Il ne s'agit pas de deviner (car à trop faire d'hypothèses, vous risquez d'être victime de vos conjectures précipitées), mais seulement d'opérer toujours en sûreté, d'être toujours en éveil, de s'éclairer sur la conduite de l'ennemi et de conclure.

Pour n'être pas accablé par la multitude des travaux et des efforts à accomplir, attendez-vous toujours à ce qu'il y a de plus dur et de plus pénible et travaillez sans cesse à susciter des difficultés à votre adversaire. Il y a plus d'un moyen pour cela, mais voici l'essentiel.

Corrompez tout ce qu'il y a de mieux chez lui par des offres, des présents, des promesses, altérez la confiance en poussant les meilleurs de ses lieutenants à des actions honteuses et viles et ne manquez pas de les divulguer : entretenez des relations secrètes avec ce qu'il y a de moins recommandable chez l'ennemi et multipliez le nombre de ces agents.

Troublez le gouvernement adverse, semez la dissension chez les chefs en excitant la jalousie ou la méfiance, provoquez l'indiscipline, fournissez des causes de mécontentement en raréfiant l'arrivée des vivres et des munitions ; par la musique amollissez le cœur des troupes, envoyez-leur des femmes qui les corrompent ; faites-en sorte que les soldats ne soient jamais où ils devraient être : absents quand ils devraient se trouver présents, au repos quand leur place serait en première ligne. Donnez-leur de fausses alarmes et de faux avis, gagnez à vos intérêts les administrateurs et gouverneurs des provinces ennemies. Voilà ce qu'il faut faire, pour créer des difficultés par adresse et par ruse. Ceux des généraux qui brillaient parmi nos ancêtres étaient des hommes sages, prévoyants, intrépides et durs à la besogne. Toujours, ils avaient leur sabre pendu au côté ; ils étaient prêts à toute éventualité. S'ils rencontraient l'ennemi, ils n'attendaient pas d'être renforcés pour l'attaquer. Leurs troupes étaient disciplinées et toujours en état de marcher au premier signal. Chez eux, l'étude et la méditation précédaient la guerre et les y préparaient. Ils surveillaient la frontière avec vigilance et ne négligeaient rien pour en renforcer la défense. Ils n'attaquaient pas un ennemi prêt à les recevoir, mais ils le surprenaient pendant qu'il était oisif ou désœuvré.

Avant de terminer cet article, je dois vous mettre en garde contre cinq sortes de dangers, d'autant plus redoutables qu'ils paraissent moins à craindre, écueils funestes contre lesquels la prudence et la bravoure ont échoué plus d'une fois.

I. Le premier est la témérité à risquer la mort. C'est à tort qu'on la glorifie sous les noms de courage, intrépidité, valeur, mais ce n'est, en fait, que lâcheté. Un général qui s'expose sans nécessité, comme le ferait un simple soldat, qui semble chercher le danger et la mort, qui combat lui-même et qui fait combattre jusqu'à la dernière extrémité, est un homme qui n'est bon qu'à mourir. C'est un simple, dépourvu de ressources ; c'est un faible qui ne peut supporter le moindre échec sans être déprimé et qui se croit perdu s'il en subit un.

II. Le deuxième est l'excès de précautions à conserver sa vie. Se croyant indispensable à l'armée, on n'a garde de s'exposer, on ne tente rien, tout inquiète ; toujours dans l'expectative, on ne se détermine à rien ; en perpétuelle instance d'une occasion favorable, on perd celle qui se présente ; on reste inerte en présence d'un ennemi attentif, qui profite de tout et a tôt fait de dissiper toute espérance à un général aussi prudent. Bientôt manœuvré, il périra par le trop grand souci qu'il avait de conserver sa vie.

III. Le troisième est le manque de maîtrise de soi-même. Un général qui ne sait pas se modérer ou se dominer, qui se laisse emporter par son indignation ou sa colère, doit devenir la dupe de ses ennemis, lesquels sauront bien le provoquer, lui tendre mille pièges qu'il ne saura discerner et dans lesquels il tombera.

IV. La quatrième est un point d'honneur mal entendu. Un général ne doit pas avoir cette susceptibilité ombrageuse. Il doit savoir dissimuler ses froissements. Après un échec, il ne faut pas se croire déshonoré et se laisser aller à des résolutions désespérées. Pour réparer une atteinte à son honneur, on le perd parfois irrémédiablement.

V. Le cinquième, enfin, est une trop grande sensibilité pour le soldat. Un général qui, pour ne pas punir, ferme les yeux sur le désordre et l'indiscipline, qui n'impose pas les travaux indispensables pour ne pas accabler ses troupes, n'est propre qu'à tout compromettre. Il faut que les soldats aient une vie rude, qu'ils soient toujours occupés. Il faut punir avec sévérité mais sans méchanceté ; il faut faire travailler, mais sans aller jusqu'au surmenage.

En somme : sans trop chercher à vivre ou à mourir, le général doit se conduire avec valeur et prudence, selon les circonstances ; s'il a des raisons de se mettre en colère, qu'il le fasse avec mesure et non pas à la manière du tigre qui ne connaît aucun frein ; s'il estime son honneur blessé et qu'il veuille le réparer que ce soit avec sagesse et non en suivant une impulsion capricieuse ; il doit aimer ses soldats et les ménager, mais sans le montrer avec ostentation et, soit qu'il livre des batailles, soit qu'il déplace ses troupes, soit qu'il assiège des villes, qu'il joigne toujours la ruse à la valeur, la sagesse à la force, pensant à réparer ses fautes, s'il en a commises, à profiter de celles de l'ennemi en se préoccupant de lui en faire commettre de nouvelles.

Article IX : De la conduite que les troupes doivent tenir.

Sun Tse dit :

Avant de faire stationner vos troupes, sachez dans quelle position sont les ennemis, renseignez-vous sur le terrain et choisissez ce qui vous offre le plus d'avantages. Ces différentes situations peuvent se réduire à quatre points.

I. Dans un pays montagneux, occupez les versants qui regardent le sud et non ceux qui sont exposés au nord. Cet avantage est d'importance. Sur ce versant choisi, étendez-vous jusqu'au bas des vallées pour y trouver l'eau et les fourrages, vous serez égayé et réchauffé par le soleil et l'air y est plus salubre.

Si les ennemis surviennent par l'autre versant pour vous surprendre, vous en serez prévenu par les postes que vous aurez placés à la crête. Vous vous retirerez si vous n'êtes pas en force pour leur résister ou vous vous préparerez à combattre si vous estimez pouvoir être vainqueur sans trop de pertes. Mais ne combattez sur les crêtes que par nécessité et n'allez jamais y chercher l'ennemi.

II. Si vous êtes près d'une rivière, approchez-vous le plus possible de sa source. Reconnaissez les endroits marécageux et les points où elle peut être franchie. Si vous avez à la passer, ne le faites jamais en présence de l'ennemi, mais, si celui-ci veut en tenter le franchissement, attendez que la moitié de ses effectifs soit de l'autre côté : vous serez ainsi à deux contre un. Près des rivières, tenez toujours les hauteurs d'où vous pourrez observer l'ennemi, mais n'attendez pas celui-ci près des bords et n'allez pas nu devant de lui. Tenez-vous sur vos gardes afin qu'en cas de surprise, vous ayez un lieu pour vous y retirer.

III. Des lieux humides, marécageux et malsains, éloignez-vous au plus vite, car de grands maux vous y attendent, notamment la disette et les épidémies. Si vous êtes contraint d'y rester, placez-vous sur les bords et gardez-vous de pénétrer trop avant. Une forêt, laissez-là derrière vous.

IV. Dans une plaine sans obstacle, vos ailes ne doivent pas avoir la vue masquée et il faut chercher derrière votre centre une élévation qui puisse permettre de découvrir le terrain en avant. Si les avants ne présentent que des objets de mort[33], ménagez derrière vous des lieux où vous trouverez des remèdes contre l'extrême nécessité.

De l'art de faire stationner judicieusement ses troupes dépend la plus grande partie des succès militaires. C'est parce qu'il possédait à fond cet art que

---

[33] Les « objets de mort » sont les aspects d'un terrain aride, desséché, dépourvu de toutes ressources : déserts, plaines rocailleuses, plateaux dénudés.

l'empereur Siuann-iuann[34] (Hoang-Ti) triompha de ses ennemis et soumit tous ses voisins. De tout ce qui précède, il faut conclure que, pour des raisons de salubrité, il faut préférer les hauteurs aux lieux bas ; sur les hauteurs, il faut choisir le côté du midi à cause de sa fertilité et de son abondance. Ainsi s'augmentent les chances de succès car le bien-être et la santé, conséquences d'une bonne nourriture, donnent au soldat force et courage, tandis que la tristesse et les maladies l'épuisent et le découragent.

Les campements près des rivières ont des avantages qu'il ne faut pas négliger et des inconvénients qu'il convient d'éviter. De préférence, tenez l'amont et laissez l'aval à l'ennemi, car vous aurez ainsi l'avantage des gués plus nombreux et des eaux plus salubres.

---

[34] Avant le premier empereur de Chine, Qin Shi Huang (221-210 av- J-C), l'histoire chinoise connaît une série de dynastie mythique. Parmi celle-ci il y a Hoang-Ti, « l'Empereur jaune ». Il aurait pris le pouvoir vers 2697 av. J.-C., à la suite d'une révolte contre le dernier souverain du clan Chenn-nong. Il aurait régné cent un an. Sa capitale aurait été située à Tchouo-lou, au pied des montagnes, à 70 kilomètres au sud-ouest de Pékin. Les Chinois affirment que c'est sous le règne de Hoang-Ti que fut inventée l'écriture et les douze tubes de bambou donnant les cinq tons de la musique, que furent jetés les fondements de l'astronomie et des mathématiques, qu'on fit usage des premiers lingots monnayés. Il bâtit des palais et fit domestiquer le ver à soie. Les Chinois dépeignent volontiers son règne comme celui de l'âge d'or.

Après des pluies abondantes, attendez pour vous mettre en marche que les affluents supérieurs aient déversé leurs eaux et ne franchissez pas la rivière que celle-ci ait repris son courant normal. Vous le discernerez lorsque vous n'entendrez plus le grondement des eaux, que l'écume cessera de surnager et que le sable et la terre ne couleront plus avec l'eau.

Si le hasard ou la nécessité vous ont conduit dans des lieux parsemés de défilés, coupés de précipices, couverts de forêts denses ou de marais fangeux, retraversez-les promptement et éloignez-vous-en le plus vite possible. En vous éloignant, l'ennemi s'en rapprochera. Si vous retraitez, l'ennemi vous poursuivra et c'est lui qui sera exposé aux dangers que vous avez évités.

Gardez-vous également de ces sortes de pays entrecoupés de petits bois ou d'épais taillis ou de ces contrées pleines de hauts et de bas, où collines et vallons se succèdent. Défiez-vous-en, car ils sont propices aux embuscades. De ces couverts, à chaque instant, l'assaillant peut sortir et vous attaquer. Si vous en êtes loin, n'en approchez pas ; si vous en êtes près, ne vous mettez pas en marche qu'ils n'aient été fouillés. Si l'ennemi vous y attaque, qu'il ait contre lui le désavantage du terrain. Pour vous, ne l'attaquez que lorsqu'il sera à découvert. Enfin, quel que soit le lieu de stationnement choisi, bon ou mauvais, sachez en tirer parti : activité et vigilance, surveillez tous les mouvements de l'ennemi, portez des espions de distance en distance jusqu'au milieu de l'ennemi, jusque dans la tente du général et ne négligez rien des informations qu'ils vous enverront. Faites attention à tout.

Si votre découverte vous dit que les arbres bougent, bien qu'il n'y ait pas de vent, c'est que l'ennemi est en marche. Il se peut qu'il vienne à vous : préparez-vous soit à le recevoir, soit à vous porter à sa rencontre. Si l'on vous dit que les herbes des champs sont très hautes, redoublez de vigilance, car une surprise est possible. Si l'on vous dit qu'on a vu des oiseaux attroupés voler par bandes sans s'arrêter, méfiez-vous : des détachements s'approchent pour vous espionner ou vous tendre des embuscades, mais si, outre les oiseaux, les quadrupèdes errent dans la campagne comme s'ils n'avaient plus de gîte, c'est une marque que ces détachements se sont postés. Si on vous rapporte qu'on aperçoit de loin des tourbillons de poussière s'élever dans l'air, concluez que l'ennemi est en marche. Si la poussière est épaisse et basse, ce sont des fantassins et là où elle est légère et haute, sont les cavaliers et les chars. Vous informe-t-on que l'ennemi se déplace par petits paquets : c'est qu'il a dû traverser quelque bois, qu'ils ont fait des abattis et qu'ils sont fatigués : ils cherchent alors à se rassembler. Si on voit dans la campagne des fantassins et des cavaliers isolés, dispersés, çà et là, par petites bandes, c'est une indication que les ennemis sont campés à proximité.

Interprétez ces indices aussi bien pour préjuger la position de l'ennemi que pour faire avorter ses projets et vous prémunir contre une surprise.

Voici encore d'autres indices auxquels vous devez une attention particulière.

Si vos espions vous disent que, dans le camp ennemi, on parle bas et à mots couverts, que l'attitude des adversaires est réservée : concluez qu'une action générale est projetée et que les préparatifs sont en cours. N'attendez pas qu'ils vous surprennent, allez à eux promptement pour les surprendre. Si, au contraire, vous apprenez qu'ils sont bruyants et pleins de morgue, c'est qu'ils n'ont nulle idée d'en venir aux mains et pensent plutôt à retraiter. Si vous êtes informé que des chars vides précèdent les troupes, préparez-vous à combattre car l'ennemi a déjà pris sa formation de bataille et ce n'est pas le moment d'écouter les propositions de paix ou d'alliance qu'il pourrait vous faire : ce ne serait qu'un artifice. L'ennemi s'approche-t-il à marches forcées : il tient la victoire pour assurée. S'il va, vient, tantôt avance et tantôt recule : c'est qu'il veut vous attirer au combat. Si vos adversaires sont apathiques, s'appuient sur leurs armes comme sur des bâtons : c'est qu'ils sont épuisés, réduits aux expédients et qu'ils meurent de faim ; si, passant près de quelque rivière, ils se débandent pour se désaltérer, c'est qu'ils souffrent de la soif ; s'ils dédaignent les appâts utiles que vous leur tendez, c'est qu'ils se défient ou qu'ils ont peur ; si le courage d'avancer leur fait défaut dans une circonstance où ce mouvement s'impose : ce sont les soucis, les embarras ou les inquiétudes qui les retiennent.

En outre, repérez les campements successifs qu'ils ont occupés : les attroupements d'oiseaux, à certaines places, vous les signaleront. Si ces campements se succèdent à courte distance, vous pourrez conclure que vos ennemis montrent peu de talents dans la connaissance du terrain. Le vol des oiseaux ou les cris de ceux-ci peuvent vous indiquer la présence d'embuscades invisibles.

Si le camp ennemi vous offre le spectacle de festins et ripailles ininterrompues, réjouissez-vous-en :

c'est la preuve infaillible que les généraux n'ont aucune autorité.

Si leurs étendards changent souvent de place, c'est une preuve d'irrésolution. Si les gradés subalternes sont inquiets, nerveux, mécontents et susceptibles, c'est que des soucis les préoccupent ou qu'ils sont accablés par la fatigue. Si l'on tue des chevaux en cachette pour les dévorer, c'est que les provisions tirent à leur fin.

Une telle minutie dans les détails peut vous paraître superflue, mais cette énumération n'a pour but que d'appeler votre attention sur la nécessité d'observer et de réfléchir et de vous convaincre que rien n'est inutile qui peut contribuer au succès. L'expérience me l'a appris : elle vous l'apprendra de même, mais que ce ne soit pas à vos dépens.

Encore une fois, éclairez-vous sur l'ennemi quoi qu'il fasse, mais veillez aussi sur vos propres troupes. Voyez tout et sachez tout. Il faut interdire le vol, le brigandage, la débauche et l'ignorance, les mécontentements et les complots, la paresse et l'oisiveté. Sans même qu'on vous en informe, voici comment, par vous-même, vous pourrez vous en rendre compte :

Si quelque soldat, en se déplaçant, laisse tomber un objet, même de minime valeur, et ne se baisse pas pour le ramasser ; si, ayant perdu un ustensile, il ne le réclame pas : c'est un voleur. Qu'il soit puni comme tel.

Si, parmi vos gens, il y a des conciliabules, si l'on y parle de bouche à oreille, si l'on ne désigne les choses qu'à demi-mot : c'est que la peur a fait son apparition, que le mécontentement couve et que des cabales vont se former : mettez-y promptement ordre.

Si la troupe paraît minable et que certaines choses utiles lui font défaut, ajoutez à la solde un petit supplément, mais ne soyez pas prodigue, car abondance d'argent est plus funeste qu'impécuniosité. Par l'abus qu'on en fait, elle est source de corruption et mère de tous les vices.

Si d'audacieux qu'ils étaient, vos soldats deviennent craintifs, si la force fait place à la faiblesse, la lâcheté au courage, c'est que le moral est altéré. Cherchez la cause de la dépravation et tranchez-la jusqu'à la racine.

Si de nombreux soldats demandent leur libération du service, c'est qu'ils ne veulent plus se battre. Ne refusez pas tous les congés, mais imposez des conditions humiliantes à ceux qui les obtiendront.

S'ils viennent en troupe réclamer justice sur un ton arrogant, écoutez leurs raisons, donnez-leur satisfaction d'un côté, mais sachez réprimer durement de l'autre.

Si un ordre donné n'est pas suivi d'une prompte obéissance, si l'on tarde à venir ou à se retirer : méfiez-vous et soyez sur vos gardes.

La conduite des troupes demande des attentions sur tout, aussi bien sur l'ennemi que sur vos troupes. Quand augmente le nombre de vos adversaires, vous devez être informé de la mort ou de la désertion du moindre de vos soldats.

Si, parce que ses forces sont inférieures, l'ennemi n'ose vous assaillir, attaquez-le sans délai, sans lui laisser le temps de se renforcer : une seule bataille, dans ce cas, peut être décisive. Mais si vous ignorez la force actuelle de l'ennemi et que, n'ayant pas mis ordre à tout, vous vous avisez de le harceler pour l'engager au combat, vous risquez de tomber dans un piège et de vous faire battre. Si la discipline n'est pas maintenue, si les fautes ne sont pas réprimées, vous perdrez toute autorité et tout respect et, par la suite, l'emploi des châtiments les plus rigoureux ne fera qu'augmenter le nombre des coupables. Or, si vous n'êtes ni craint, ni respecté, si vous êtes dépourvu d'autorité, comment pouvez-vous être avec honneur à la tête de l'armée, comment pourrez-vous combattre les ennemis de l'État ?

Quand vous devez punir, faites-le rapidement et dès que les fautes l'exigent. Quand vous avez des ordres à donner, ne les donnez qu'avec la certitude que vous serez promptement obéi ; instruisez vos troupes en leur inculquant des notions pratiques ; ne les ennuyez pas, ne les fatiguez pas sans nécessité. Le bon et le mauvais, le bien et le mal qu'elles peuvent faire est entre vos mains. Avec les mêmes individus, une armée peut être très méprisable avec tel général et invincible avec tel autre.

Article X : De la connaissance du terrain.

Sun Tse dit :

Tous les lieux de la surface de la terre ne sont pas d'une valeur équivalente. S'il en est que vous devez fuir, d'autres sont à rechercher, tous doivent être parfaitement connus.

Dans les premiers, sont à ranger ceux qui n'offrent que d'étroits passages, qui sont bordés de rochers ou de précipices, qui n'ont pas d'accès facile avec les espaces libres desquels vous pouvez attendre du secours. Connaissez-les pour ne pas y engager votre armée mal à propos.

Recherchez au contraire un lieu dominé par une élévation suffisante pour que son occupation vous préserve de toute surprise, où l'on accède et d'où l'on peut sortir par plusieurs chemins que vous aurez reconnus, où les vivres sont abondants, les eaux salubres, l'air sain et le terrain assez uni. Mais, en toutes circonstances, que vous vouliez occuper un emplacement favorable ou évacuer un lieu dangereux ou incommode, faites vite comme si l'ennemi avait la même préoccupation que vous.

Si le lieu est à égale distance de l'ennemi et de vous, aussi facilement accessible à lui qu'à vous, il faut l'y devancer. Faites au besoin des marches de nuit, mais arrêtez-vous au lever du soleil et, de préférence, sur quelque éminence afin d'avoir des vues lointaines.

Attendez alors l'arrivée de vos convois de ravitaillement et, si l'ennemi vient à vous, vous le recevrez de pied ferme et pourrez le combattre avec avantage.

Écartez-vous de ces endroits d'accès facile, mais dont on ne sort qu'avec peine. Laissez un tel choix à l'ennemi et, s'il est assez imprudent pour les occuper, attaquez-le. Il ne vous échappera pas et vous le vaincrez sans peine.

Quand vous occuperez un terrain avec tous ses avantages, laissez à l'ennemi le soin de prononcer les premières attaques. S'il se présente en bon ordre, ne vous portez à sa rencontre que lorsqu'il lui sera difficile de revenir sur ses pas.

Un ennemi bien préparé au combat et contre qui votre attaque a échoué est dangereux. C'est le moment de vous mettre à l'abri dans votre camp et non pas de recommencer l'attaque. Ne le faites que s'il apparaît que l'ennemi ne prépare aucun piège et pensez qu'il fera tout pour vous attirer en rase campagne.

Si l'ennemi est arrivé avant vous sur la position que vous aviez choisie, ne perdez pas votre temps inutilement à vouloir l'en faire sortir par des stratagèmes connus.

Si l'ennemi a du champ devant lui et que les forces sont à peu près équivalentes, il ne se laissera pas prendre aux pièges que vous lui tendez pour l'en faire sortir. Ne perdez pas votre temps inutilement. Vous réussirez mieux d'un autre côté. Considérez que l'ennemi met autant d'empressement que vous à chercher ses avantages. Essayez donc de lui donner le change de ce côté, mais surtout ne le prenez pas vous-même. Retenez qu'on peut tromper ou être trompé de bien des façons. Je me bornerai à vous en rappeler six principales, desquelles dérivent toutes les autres.

La première consiste dans la marche des troupes.

La deuxième dans les divers arrangements.

La troisième dans leur position dans des lieux bourbeux.

La quatrième dans leur désordre.

La cinquième dans leur dépérissement.

La sixième dans leur fuite.

Un général qui subirait un échec pour avoir ignoré ces connaissances aurait tort d'accuser le ciel de son malheur. Il ne devrait s'en prendre qu'à lui.

Si le chef d'une armée néglige d'apprendre tout ce qui concerne ses troupes et celles qu'il aura à combattre, s'il n'a pas étudié le terrain sur lequel il se trouve, celui où il se propose d'aller, celui sur lequel il pourrait se retirer le cas échéant, celui où on peut feindre d'aller, sans autre envie que d'y attirer l'ennemi et celui sur lequel il peut être forcé de s'arrêter, en cas d'imprévu ; s'il fait mouvoir son armée hors de propos, s'il n'est pas instruit de tous les mouvements de l'adversaire comme des projets de celui-ci ; s'il divise ses troupes sans nécessité ou sans y être contraint par la nature du terrain ou sans avoir prévu tous les inconvénients qui pourraient en résulter, ou sans escompter un avantage de cette dispersion ; s'il tolère que le désordre s'introduise dans son armée ou si, sur des indices non conformés, il se persuade que le désordre règne dans l'armée ennemie et agit en conséquence ; si son armée dépérit insensiblement sans qu'il y apporte un prompt remède, un tel général sera inévitablement la dupe de ses ennemis qui le tromperont par de fausses manœuvres et par un ensemble de feintes dont il sera la victime. Les maximes suivantes doivent vous servir de règles pour toutes vos actions.

A force égale entre l'ennemi et vous, sur dix des avantages du terrain, ayez-en neuf pour vous. Pour vous les procurer, mettez en œuvre toute votre application et toutes vos ressources. Ainsi fait, l'ennemi n'osera pas se montrer et il fuira dès que vous vous montrerez. S'il est assez imprudent pour vous attaquer, vous le combattrez avec l'avantage de dix contre un. Si, faute d'habileté ou de diligence, vous lui laissez le temps de se procurer ce qu'il n'a pas, c'est le contraire qui arrivera.

Mais, quelle que soit la position que vous occupiez, eussiez-vous même des soldats valeureux et courageux, si vos officiers sont lâches et timides, vous serez battus. Il en sera de même si vos officiers ont force et valeur, mais que leurs soldats sont craintifs et sans énergie car, dans le premier cas, bien que les soldats ne veuillent pas se déshonorer, ils ne pourront faire plus que ce que leur montrent leurs officiers et, dans le second cas, des officiers intrépides et vaillants ne pourront se faire obéir de soldats poltrons et timorés.

Si les officiers généraux ne peuvent maîtriser leurs impulsions, s'ils ne savent ni dissimuler, ni freiner leur mauvaise humeur, quel qu'en puisse être le motif, ils s'engageront d'eux-mêmes dans des affaires partielles, dont ils ne sortiront pas honorablement parce qu'ils les auront entamées avec précipitation et n'en auront prévu ni le déroulement ultérieur, ni les conséquences. Parfois même, ils agiront contre les intentions du général, sous des prétextes qu'ils s'évertueront à rendre plausibles et une action particulière, entamée étourdiment, contre toutes les règles, dégénérera en mêlée générale, dont tout l'avantage sera pour l'ennemi.

De tels officiers doivent être étroitement surveillés. Tenez-les à vos côtés, quelques grandes qualités qu'ils puissent avoir par ailleurs. Ils peuvent vous occasionner les pires préjudices et même la perte de votre armée.

Si le général est pusillanime, il n'aura pas l'élévation de sentiments qui convient à un homme de son rang, il sera incapable d'enflammer ses troupes ; au lieu d'exciter leur courage, il le ralentira. Il ne saura leur apprendre les enseignements à tirer de la guerre. Doutant de ses capacités aussi bien que de celles de ses subordonnés, il donnera des ordres équivoques qui provoqueront l'hésitation et les fausses manœuvres, rectifiant sans cesse ce qu'il a prescrit, modifiant sans aucune méthode ni suite dans les idées. Hésitant sur tout, il ne se décidera sur rien, tout lui sera sujet de crainte, et alors le désordre, un désordre général, règnera dans son armée.

Si un général ignore le fort et le faible de l'ennemi, s'il ne connaît pas à fond les lieux que celui-ci occupe actuellement comme ceux qu'il occupera éventuellement, il lui arrivera d'opposer ce qu'il a de plus faible à ce que l'ennemi a de plus fort, à lancer ses forces légères contre les forces lourdes, à faire attaquer où il fallait éviter de le faire, à ne pas apporter de secours aux troupes qui sont à la limite de leur résistance, à s'obstiner dans un mauvais poste ou à abandonner une position de première importance. En pareille occurrence, il escompte comme avantages pour lui ce qui n'est qu'un calcul de l'ennemi. Parfois encore, il se découragera après un échec de peu d'importance. Il se verra poursuivi, sans s'y attendre, enveloppé, harcelé. Heureux s'il peut trouver son salut dans la fuite. C'est pourquoi un général doit connaître les théâtres de guerre aussi nettement que les coins et recoins des cours et jardins de sa propre maison.

J'ai dit précédemment que l'amour pour les hommes en général, que la justice et la manière de répartir les châtiments et les récompenses étaient les fondements sur lesquels devait être bâti tout système d'art militaire, mais je disais aussi qu'une exacte connaissance du terrain était ce qu'il y avait de plus essentiel parmi les matériaux à utiliser pour un édifice aussi important à la tranquillité et à la gloire de l'État. Ainsi, l'homme qui se destine à la dignité de général doit apporter tous ses soins et faire tous ses efforts pour se rendre habile dans cette branche de l'art militaire.

Avec la connaissance exacte du terrain, un général peut se tirer d'affaire dans les circonstances les plus critiques ; il peut se procurer les renforts qui lui sont nécessaires comme empêcher l'arrivée de ceux que l'ennemi attend ; il peut avancer, reculer, faire tous les mouvements qu'il juge opportuns, disposer des marches de son adversaire et, à son gré, le faire avancer ou reculer ; il peut le harceler sans cesse d'être lui-même en sécurité, l'incommoder tout en se préservant de quelque dommage que ce soit, il peut, enfin, finir ou prolonger la campagne suivant ce qui lui paraîtra de plus expédient pour sa gloire ou son intérêt.

Comptez sur une certitude de victoire si vous connaissez tous les tours et détours, les tenants et aboutissants de tous les lieux que les deux armées peuvent occuper, proches ou lointains, parce qu'ainsi vous saurez la formation qu'il faut donner à vos troupes, s'il faut livrer bataille ou différer l'engagement. Si vous ne croyez pas devoir risquer la rencontre, ne combattez pas, même si vous avez reçu des ordres précis pour le faire. Si, au contraire, l'occasion paraît avantageuse, profitez-en, même si les ordres du Souverain étaient de ne pas le faire. Votre vie et votre réputation ne courent aucun risque et vous n'aurez commis aucun crime devant celui dont vous avez enfreint les ordres. Servir le Souverain, avantager l'État et faire le bonheur du peuple : voilà ce que vous devez avoir en vue. Remplissez cette mission, vous avez atteint le but.

Quel que soit le terrain, considérez vos troupes comme des enfants ignorants qui ne peuvent se déplacer sans être conduits. Comme vos propres enfants, vous les conduirez vous-même, parce que vous les aimez. S'il y a des hasards à affronter, que vos soldats ne les affrontent pas seuls, mais à votre suite ; s'ils doivent mourir, qu'ils meurent, mais périssez avec eux.

Je dis qu'il faut aimer vos soldats comme vos propres enfants. Il ne faut pourtant pas en faire des enfants gâtés et ils le deviendraient s'ils n'étaient pas corrigés quand ils le méritent et si, malgré vos attentions pour eux, ils se montrent insoumis ou peu empressés à répondre à vos désirs.

Quel que soit le terrain, si vous le connaissez bien et si vous avez discerné l'endroit le plus propice pour attaquer l'ennemi, mais si vous ne savez pas quelles dispositions ce dernier a prises, s'il est prêt à subir l'attaque et s'il a fait ses préparatifs pour cette éventualité, vous n'aurez qu'un demi-succès.

Quel que soit le terrain, l'eussiez-vous parfaitement reconnu, seriez-vous informé que les ennemis sont vulnérables et par quel côté, si vous n'avez pas des indices certains que vos propres troupes sont en état d'attaquer avec avantage, vous n'aurez qu'un demi-succès.

Si vous connaissez l'état des deux armées, si vous êtes assuré que vos troupes peuvent attaquer avec avantage, que celles de l'ennemi sont inférieures en force et en nombre, mais que vous n'êtes pas familiarisé avec les coins et recoins de tout le voisinage, vous vaincrez peut-être, mais vous n'aurez qu'un demi-succès.

Ceux qui sont véritablement habiles dans l'art militaire font toutes leurs marches sans risque, tous leurs mouvements sans désordre, toutes leurs attaques à coup sûr, toutes leurs défenses sans surprise, leur campement avec choix, leur retraite par système et avec méthode. Ils connaissent leurs propres forces, celles de l'ennemi, et ils sont instruits de tout ce qui concerne les lieux.

Article XI : Des neuf sortes de terrains.

Sun Tse dit :

Il y a neuf sortes de lieux qui peuvent être à l'avantage ou au désavantage de l'une ou l'autre armée.

Ce sont : **1°** des lieux de dispersion ; **2°** des lieux légers ; **3°** des lieux contestables ; **4°** des lieux de réunion ; **5°** des lieux pleins et unis ; **6°** des lieux à plusieurs issues ; **7°** des lieux graves et importants ; **8°** des lieux gâtés ; **9°** des lieux de mort.

I. J'appelle **lieux de dispersion** ceux qui sont situés sur notre territoire à proximité des frontières. A s'y tenir trop longtemps rassemblées sans nécessité, au voisinage de leurs foyers, les troupes y ont plus d'envie de s'en retourner perpétuer leur race que de s'exposer à la mort. A la nouvelle de l'approche de l'ennemi ou de l'annonce d'une bataille, chacun s'attriste, se laisse tenter par la facilité de s'en retourner chez lui et l'exemple fâcheux peut être contagieux. Ainsi l'armée risque de se dissoudre, les chefs ne seront plus écoutés même par ceux de leurs soldats qui seront restés fidèles, si bien qu'au moment de se déterminer, le général ne saura quel parti prendre quand il verra toute son armée s'évanouir comme la nuée dispersée par le vent.

II. J'appelle **lieux légers** ceux qui sont situés près des frontières, mais sur le territoire ennemi. On ne peut s'y fixer, car le soldat y regarde trop souvent derrière lui et les facilités du retour lui font naître le désir de le tenter à la première occasion. Il faut de la fantaisie ou de l'inconscience pour se contenter de tels lieux.

III. Les **lieux contestables** sont ceux tels que chacune des deux armées peut y trouver son avantage, qui se prêtent, pour l'un comme pour l'autre, au stationnement, aux manœuvres pour s'opposer aux visées de l'ennemi. Ces sortes de lieux peuvent et doivent être disputés.

IV. Par **lieux de réunion**, j'entends ceux que nous ne pouvons manquer d'occuper et dans lesquels l'ennemi ne peut manquer de se rendre également ; ceux dans lesquels, en raison de leur distance des frontières, l'ennemi, comme nous, trouverait refuge en cas de malheur, ou l'occasion d'accentuer les avantages acquis en cas de succès.

V. Les lieux que j'appelle simplement **pleins et unis** sont ceux qui, par leur configuration et leurs dimensions, permettent leur utilisation par les deux armées, mais qui, pour d'autres raisons, ne doivent pas inciter à livrer bataille, sauf en cas de nécessité ou de contrainte de l'ennemi.

VI. Les **lieux à plusieurs issues** sont ceux qui permettent aisément l'arrivée des renforts ou qui se prêtent à l'aide qu'un État voisin peut, le cas échéant, apporter à l'un des deux partis.

VII. Les lieux que je nomme **graves et importants** sont ceux qui, placés dans les États ennemis, présentent de tous côtés des villes fortifiées, des montagnes, des défilés, des lignes d'eau ou des campagnes arides.

VIII. Les lieux où les espaces libres sont rares, où les colonnes, dans leur marche, sont isolées les unes des autres, où les eaux courantes et stagnantes compartimentent le terrain, exigent de constantes précautions et créent de perpétuels embarras, entraînant la fragmentation des troupes, sont ceux que j'appelle **gâtés**.

IX. Enfin, par **lieux de mort**, j'entends ceux où, quelque précaution qu'on prenne, on est toujours en danger, où en cas de combat, on risque d'être vaincu et si l'on est inactif, c'est la faim, la maladie ou la misère qui vous guettent, en un mot des lieux où l'on ne peut rester et d'où on a peine à sortir.

Apprenez à connaître ces neuf sortes de lieux pour vous en défier ou pour en tirer parti.

Lorsque vous serez dans des **lieux de dispersion**, tenez vos troupes rassemblées, mais ne livrez pas bataille, quelque favorables que les circonstances peuvent vous paraître. Vous risquez de provoquer trop de lâchetés et de voir les arrières se couvrir de fuyards.

Ne stationnez pas dans les **lieux légers**. Votre armée ne s'est encore emparée d'aucune ville, d'aucune forteresse, ni d'aucune position adverse. Derrière elle, aucune digue ne paraissant devoir l'arrêter et, devant elle, les difficultés et les dangers s'offrant à sa vue, craignez qu'elle soit tentée de préférer ce qui lui paraît le plus aisé à ce qui lui semble le plus difficile.

Si vous avez reconnu un de ces lieux que j'ai appelés **contestables**, commencez par vous en emparer. Ne laissez pas l'initiative à l'ennemi et faites tous vos efforts pour vous en assurer la possession, mais ne tentez pas d'en chasser l'ennemi de haute lutte s'il les occupe avant vous. Usez plutôt de finesse et, à votre tour, ne vous en laissez pas déloger quand vous les tenez.

Il faut vous efforcer également d'occuper les lieux de **réunion** avant l'ennemi. Assurez bien la liberté de vos communications : que vos chevaux, vos chariots et vos bagages puissent y arriver et en repartir sans risque. Ménagez-vous de bons rapports avec les populations avoisinantes et assurez-vous de leur bonne volonté, en la demandant, en l'achetant à quelque prix que ce soit, tant elle vous est indispensable, car ce n'est que par ce moyen que vous pourrez être pourvu de tout ce qui vous est nécessaire. Tout ce qui abondera de votre côté fera défaut à l'ennemi.

Dans les **lieux pleins et unis**, étendez-vous à l'aise, protégez-vous par des retranchements contre une surprise et attendez que le temps et les circonstances vous offrent une occasion d'agir.

Si vous êtes à portée de ces **lieux à plusieurs issues**, commencez par bien reconnaître les voies d'accès, tenez toutes les issues, n'en négligez aucune, quelque peu importante qu'elle vous paraisse et gardez-les toutes soigneusement.

Si vous vous trouvez dans les lieux **graves et importants**, soyez maître de tout ce qui vous environne immédiatement, marchez rassemblés en ne laissant aucun détachement derrière vous qui puisse être emporté. Sans ces précautions, vous risquez de voir enlever les approvisionnements nécessaires à l'entretien de l'armée ou d'être surpris par des attaques convergentes au moment où vous vous y attendez le moins.

Si vous êtes dans des lieux **gâtés**, n'allez pas plus avant, retournez sur vos pas le plus vite possible.

Dans les **lieux de mort**, il ne peut y avoir d'hésitation : allez droit à l'ennemi pour combattre. Le plus tôt est le meilleur.

Telle est la conduite que tenaient nos anciens guerriers. Ces hommes habiles et experts avaient pour principe qu'il n'y avait pas de manière invariable pour attaquer ou pour se défendre, que tout dépendait du terrain sur lequel on se trouvait. Ils disaient aussi que la tête et la queue d'une armée ne devaient pas être commandées de la même façon, que l'accord était de faible durée entre la multitude et le petit nombre, que forts et faibles ne restaient pas longtemps unis, que ceux qui sont en haut et ceux qui sont en bas n'ont pas égale utilité, qu'il est aisé de diviser des troupes unies, mais difficile de rassembler celles qui ont été divisées. Sans cesse, ils répétaient qu'une armée ne doit se mettre en mouvement que si elle est assurée d'y trouver un avantage réel et que, lorsqu'il n'y a rien à gagner, le mieux est de se tenir tranquille.

En résumé, que votre conduite se règle sur les circonstances. Vous attaquerez ou vous vous défendrez suivant que vous ferez la guerre chez vous ou chez l'ennemi.

Si la guerre a pour théâtre votre propre pays et si l'ennemi fait irruption avec toutes ses forces avant que soient achevés vos préparatifs, rassemblez promptement vos troupes, demandez secours aux voisins, emparez-vous des lieux que l'ennemi convoite, mettez-les en état de défense, ne serait-ce que pour gagner du temps, ralentissez la marche de l'ennemi en harcelant ses convois, barrez les chemins de telle sorte que, partout, il trouve des embuscades et soit obligé de combattre pour avancer. Les paysans peuvent vous être d'une grande utilité et vous servir mieux que vos propres troupes. Faites-leur comprendre qu'ils doivent empêcher que l'ennemi s'empare de leurs biens et leur enlève leurs pères, leurs mères, leurs femmes et leurs enfants. Ne vous tenez pas exclusivement sur la défensive, lancez des partisans sur les arrières de l'ennemi, fatiguez-le par d'incessantes attaques, tantôt d'un côté et tantôt de l'autre. Qu'il se repente de sa témérité et soit contraint de retourner sur ses pas, n'emportant pour tout butin que la honte de n'avoir pas réussi.

Si vous faites la guerre en territoire ennemi, évitez les détachements ou, mieux encore, ne divisez jamais vos troupes. Toujours, elles doivent être réunies et en état de se prêter un mutuel appui. Faites-les cantonner dans des lieux fertiles et salubres pour qu'elles ne souffrent pas de la faim, de la misère et de la maladie qui feraient bientôt parmi elles plus de ravages que le fer de l'ennemi en plusieurs années. Recherchez le concours pacifique des populations et n'usez de la force que si tous les autres moyens ont échoué. Faites appel à l'intérêt. Les troupes étant rassemblées, toutes choses par ailleurs étant égales, est plus fort de moitié celui qui combat chez lui. Ce principe est à retenir, si vous combattez en territoire ennemi, assez loin de votre frontière. Dans ce cas, opérez bien réunis, dans le plus grand secret pour que vos projets ne se révèlent qu'au moment de l'exécution.

S'il vous arrive de ne savoir où aller, ni quelle détermination prendre, restez dans l'expectative en vous gardant de rien précipiter. Tenez-vous ferme là où vous êtes et attendez du temps et des circonstances une occasion favorable. Si vous vous êtes engagé mal à propos, n'ordonnez pas de rompre hâtivement le combat : une telle fuite risquerait de tourner au désastre. Une bonne contenance peut contribuer à raffermir vos troupes, lesquelles, ignorant le péril auquel elles s'ont exposées et accoutumées à ignorer vos plans, combattront avec autant d'ardeur et de vaillance que s'il s'agissait d'une bataille voulue par vous. Si, en pareille occurrence, vous triomphez de l'ennemi, votre réputation d'invincibilité parmi vos soldats et la confiance de ceux-ci dans vos talents s'accroîtront dans la proportion même du risque que vous avez couru.

Quelque critique que soit votre situation, ne désespérez jamais. Quand tout est à craindre, il ne faut avoir peur de rien ; environné de dangers, n'en redoutez aucun ; dépourvu de ressources, tablez sur toutes et surpris par l'ennemi, pensez aussitôt à le surprendre lui-même. Entraînez vos troupes à être prêtes, sans préparatifs, à saisir les avantages là où elles n'en cherchaient pas, à improviser les dispositions à prendre sans attendre vos ordres, à s'imposer elles-mêmes les règles qui garantissent la discipline.

Ne laissez pas se propager les faux bruits, coupez racine aux plaintes et aux murmures et, si quelque phénomène de la nature risque d'étonner vos soldats, ordonnez aux astrologues et aux devins de prédire le succès. Aimez vos troupes et procurez-leur tout ce qui peut alléger leur tâche. Si elles supportent de rudes fatigues, ce n'est pas qu'elles y prennent plaisir ; si elles endurent les privations, ce n'est pas qu'elles méprisent le bien-être, et si elles affrontent la mort, ce n'est pas qu'elles dédaignent la vie : réfléchissez sérieusement à cela.

Il arrive parfois que les troupes donnent des signes non équivoques d'affaissement, de tristesse et d'abattement. Réagissez avec promptitude en améliorant la nourriture, en organisant des fêtes et des parades, variez sans cesse l'emploi du temps, changez l'emplacement des camps et faites exécuter des travaux pénibles et astreignants. Imitez la conduite tenue par *Tchouan-Tchou* et *Tsao Kuei*[35] et vous changerez le cœur de vos soldats. L'accoutumance au travail les endurcira.

Si les quadrupèdes périssent à être trop chargés alors que les oiseaux exigent d'être forcés pour être bien entraînés, les hommes demandent le juste milieu dans l'appréciation des efforts qui peuvent leur être demandés.

Pour être invincible, votre armée doit ressembler au *Shuai-jan,* ce gros serpent des montagnes du Tchang-chan[36]. Frappé à la tête, la queue va au secours de celle-ci et, si on menace la queue,

---

[35] Tchouan Tchou et Tsao Kuei étaient deux chefs de bandes, originaires, le premier du royaume de Ou (dans le Tse Kiang) et le second du royaume de Lou (dans le Chan-Toung). Ils sont restés légendaires aussi bien par la fécondité de leurs ressources et l'abondance de leurs ruses que par leur cruauté et leur perfidie.

[36] La montagne de Tchang-chan se trouve dans le Chan-Toung.

c'est la tête qui vient la protéger ; menacé dans la partie centrale de son corps, tête et queue se réunissent aussitôt pour la parade. Cela est-il possible pour une armée ? Je réponds : cela se peut, cela se doit et il le faut.

Un certain nombre de soldats du royaume de Wu[37] se trouvèrent un jour opposés à des soldats du royaume de *Yuëh,* au moment où, simultanément, ils tentaient de franchir une rivière. Le vent renversa les barques et les hommes jetés dans le courant auraient infailliblement péri si, oubliant qu'ils étaient ennemis, ils ne s'étaient mutuellement secourus. Ce qu'alors firent ceux qui étaient ennemis, toutes les parties de votre armée doivent le faire et vous devez aussi le faire pour vos alliés et même pour les peuples vaincus, s'ils en ont besoin car, s'ils vous sont soumis, c'est qu'ils n'ont pu faire autrement et ils ne peuvent être rendus responsables si leur Souverain a déclaré la guerre. Rendez-leur service car le temps viendra où ils vous en rendront aussi.

Prenez garde, en quelque pays que vous soyez, si des étrangers se rangent parmi vos troupes de les laisser figurer en majorité dans une unité, de même que vous avez soin, si vous attachez des chevaux à un piquet, de ne pas grouper plus d'indomptés que de dressés afin de ne pas créer de désordre.

S'il arrive que votre armée soit inférieure en nombre à celle de l'ennemi, une conduite habile peut néanmoins vous donner le succès. Une position avantageuse sans la résolution d'en tirer profit, la bravoure sans la prudence, la valeur sans la ruse : tout

---

[37] Le royaume de Wu était situé au sud du Yang tse kiang. Sa capitale était Nankin.

cela ne sert à rien, mais un bon général sait faire profit de tout parce qu'il observe le secret des opérations, conserve son sang-froid et, tout en commandant avec droiture, trompe les oreilles et fascine les yeux de ses soldats de telle sorte que ceux-ci ne sachent jamais ce qu'ils ont à entreprendre. Les circonstances viennent-elles à changer, le général modifie sa conduite ; le plan adopté présente-t-il des inconvénients, le général le corrige quand et comme il veut. Si ses troupes ignorent ses projets, comment l'ennemi pourrait-il les pénétrer ?

Un général habile sait, d'avance, ce qu'il doit faire, mais tout autre que lui doit l'ignorer absolument. Telle était la pratique des anciens guerriers. Voulaient-ils prendre une ville d'assaut ? Ils n'en parlaient qu'arrivés auprès des murailles. Ils y montaient les premiers et tous les autres suivaient. Logés sur le parapet, ils faisaient rompre les échelles. Avancés sur les terres alliées, ils redoublaient de prudence et de mystère. Leur armée était comme un troupeau que le berger conduit où bon lui semble sans protestation et sans résistance.

La science principale du général consiste dans la connaissance des neuf sortes de terrains afin d'exécuter à propos les neuf changements, déployer ou rassembler ses troupes suivant les lieux ou circonstances, cacher ses intentions et découvrir celles de l'ennemi, être bien convaincu que les troupes sont très unies lorsqu'elles pénètrent fort avant en territoire ennemi, mais qu'elles se dispersent facilement quand on les tient près des frontières. La victoire est à moitié acquise quand on tient les débouchés par lesquels on accède aussi bien à l'endroit qu'on doit occuper qu'aux abords de la position adverse. C'est un commencement de succès que d'avoir pu camper dans un terrain vaste et ouvert, mais c'est déjà presque avoir vaincu que de s'être emparé, dans les positions ennemies, des postes avancés qui couvrent les côtés et d'avoir gagné l'affection de ceux que les troupes veulent vaincre ou qu'elles ont vaincus.

Lorsque je commandais les armées, l'expérience et la réflexion m'ont engagé à condenser tout ce que je viens de vous rappeler. Dans les lieux de dispersion, je m'efforçais d'uniformiser les sentiments et de consolider l'union. Dans les lieux légers, je tenais mes gens rassemblés et je les occupais ; en lieux contestables, je tentais d'être le premier occupant et, si l'ennemi m'avait devancé, j'usais d'artifices pour l'en déloger ; dans les lieux de réunion, j'observais avec attention et j'attendais l'ennemi. Je m'étendais à l'aise et je mettais l'ennemi à l'étroit dans les lieux pleins et unis. Dans les lieux à plusieurs issues, s'il ne lui était pas possible de les occuper toutes, je me tenais sur mes gardes en surveillant de près l'ennemi ; dans les lieux graves et importants, je soignais la subsistance des troupes ; dans les lieux gâtés et abîmés, je tâchais de sortir d'embarras en multipliant les détours et en comblant les vides laissés entre les troupes ; enfin, dans les lieux de mort, l'ennemi ne tardait pas à se rendre compte de mes résolutions désespérées. Jamais les troupes disciplinées ne se laissent envelopper ; elles affrontent sans crainte le danger, se défendent opiniâtrement et poursuivent sans se débander. C'est de votre faute si elles ne se comportent pas ainsi et alors, vous êtes indigne d'être leur chef. Vous ne méritez pas non plus de commander si, ne connaissant pas la force de l'ennemi, son fort et son faible, vous n'avez pas fait vos préparatifs en conséquence.

Indigne, vous serez encore si, faute de connaître la topographie des lieux, vous ne pouvez donner les ordres convenables. Si vous ignorez les chemins et êtes dépourvus de guides sûrs, vous n'atteindrez pas le but fixé et vous serez la dupe de l'ennemi. Si vous ne savez pas combiner quatre et cinq, vos troupes ne pourront rivaliser avec celles des *Pa* ou des *Ouangs*[38].

Lorsque *Pa* et *Ouang* faisaient la guerre contre quelqu'autre prince, ils mettaient en commun leurs forces et tâchaient de troubler l'Univers pour trouver des alliés, qu'ils achetaient au besoin. Sans laisser à l'ennemi le temps de se reconnaître et d'avoir recours à ses voisins, ils l'attaquaient avant qu'il fût en état de défense. Quelques grands avantages qu'ils se fussent procurés, ville ou province, ils tenaient leurs troupes en haleine, récompensant ou punissant ceux qui le méritaient et édictaient, pour administrer, les lois qu'exigeaient le pays ou les circonstances.

Pour réussir, telle est la conduite à imiter. Que votre armée soit comme un seul homme à conduire. Ne motivez pas vos raisons d'agir, mais faites connaître exactement vos avantages. Cachez vos pertes, agissez en secret et percez les démarches adverses. Prenez des mesures efficaces pour faire tuer le général ennemi, ne divisez jamais vos forces ; qu'aucun danger n'abatte votre courage ; soyez victorieux ou mourez glorieusement.

Dès que, après votre entrée en campagne, votre armée aura franchi les frontières, interdisez toute circulation d'émissaires, tout envoi ou réception de nouvelles et rompez la partie du sceau qui est entre vos

---

[38] Pa et Ouang étaient les titres attribués aux souverains feudataires des petits États. Seul, l'Empereur avait droit au titre de Ti.

mains[39] ; fixez l'assemblée de votre Conseil dans le lieu où vous honorez vos ancêtres[40] et là, en présence de vos subordonnés, proclamez que vous ne ferez rien dont la honte puisse rejaillir sur vos ascendants. Après cela, allez à l'ennemi et si celui-ci a laissé une seule issue, précipitez-vous-y résolument.

Quand la campagne n'est pas commencée, soyez comme une jeune fille dans sa maison. Quand la campagne est entamée, ayez du lièvre la promptitude[41] et l'ennemi ne pourra tenir devant vous.

---

[39] Une moitié du sceau de l'Empire était détenue par le général et l'autre par l'Empereur. Le rapprochement des deux parties conférait authenticité aux ordres ou rapports qui étaient envoyés. Rompre la partie du sceau qui lui était attribuée signifiait, pour le général, qu'il ne recevrait plus désormais d'ordres du souverain.

[40] Dans les anciennes armées chinoises, l'autel des ancêtres, sur lequel étaient déposées les tablettes des aïeux, était disposé sous sa tente ou dans un lieu voisin. Devant lui se réunissaient les principaux officiers, au début de la campagne, au commencement d'un siège, la veille d'une bataille ou lorsque de graves résolutions devaient être arrêtées.

[41] La jeune fille chinoise ne sort pas de la maison de ses parents où elle s'occupe de tous les soins du ménage, met la main à tous les préparatifs, voit tout, entend tout, fait tout, en ne se mêlant, en apparence à aucune affaire. Le lièvre, suivant les commentateurs, quand il est levé par le chasseur, bondit hors de son gîte, fait mille détours pour brouiller sa piste et se gîter à nouveau en sûreté.

Article XII : De l'emploi du feu à la guerre.

Sun Tse dit :

Les différentes manières d'employer le feu à la guerre se réduisent à cinq :

1° brûler les soldats dans leur camp ;
2° mettre le feu aux provisions ;
3° incendier les bagages et les trains ;
4° livrer aux flammes les arsenaux et magasins ;
5° lancer des traits enflammés contre les animaux, les armes et les étendards.

De telles entreprises exigent : la reconnaissance de la position exacte de l'objectif, des itinéraires par où l'ennemi peut s'échapper ou recevoir du secours, l'approvisionnement à pied d'œuvre de tous les ingrédients nécessaires et un temps et des circonstances favorables. En tout état de cause, agir avec promptitude.

Les matières combustibles étant réunies, avant d'y mettre le feu, pensez à la fumée car il y a une saison pour mettre le feu et un jour pour le faire éclater. Ne confondez pas ces deux choses. La saison de mettre le feu, c'est l'époque où tout est tranquille sous le ciel et où la sérénité paraît devoir se prolonger. Le jour où l'incendie doit être déclenché est celui où la lune se trouve sous une des quatre constellations Ki-Pi-y-Tchen[42]. Il est rare que le vent ne souffle pas alors et souvent avec force.

A chacune des cinq manières d'attaquer par le feu correspond une conduite à tenir :

1° Si le feu ayant été jeté dans le camp ennemi tout y paraît tranquille, restez vous-même tranquille. Attaquer imprudemment, c'est chercher à se faire battre. Le feu ayant été mis, couve pendant quelque temps et ses effets en seront d'autant plus funestes. Quand les étincelles jailliront, attaquez résolument ceux qui ne chercheront qu'à se sauver.

2° Si, peu après la mise de feu, les tourbillons s'élèvent, ne laissez pas à l'ennemi le temps d'éteindre l'incendie ; alimentez le feu et partez à l'attaque.

3° S'il ne vous est pas possible de pénétrer à l'intérieur pour y mettre le feu et que vous ne pouvez opérer que du dehors, allumez le foyer du côté où

---

[42] Les constellations du Ciel chinois groupent les étoiles d'une manière différente de celle conventionnellement admise en Occident. La constellation Ki est en partie formée par le Sagittaire (pied-arc et flèche). La constellation Pi est composée de deux étoiles dont l'une est la tête d'Andromède et l'autre l'extrémité australe de Pégase. La constellation Y est formée de vingt-deux étoiles appartenant à la Coupe et à l'Hydre. La constellation Tchen est formée de quatre étoiles du Corbeau (aile australe, patte, bec et devant de l'aile boréale). Les Chinois ont observé que, lorsque la Lune est sous une de ces constellations, il y a toujours du vent. Cette constatation n'est vraie que pour le pays où elle a été faite.

souffle le vent, attaquez aussi par ce côté et non en vous plaçant sous le vent.

4° Si le vent a soufflé tout le jour sans discontinuer, il est certain qu'au cours de la nuit, il se produira une accalmie : préparez-vous à en profiter.

5° Un général qui sait se servir du feu avec à-propos est un chef habile. S'il sait se servir de l'eau aux mêmes fins, il est réputé excellent. Cependant l'eau ne doit être employée qu'avec discrétion comme, par exemple, pour gâter les chemins par lesquels l'ennemi peut s'échapper ou recevoir du secours[43].

La victoire est l'habituel couronnement des attaques par le feu. Il faut donc être préparé à en recueillir les fruits. Le mérite de ceux qui ont couru tous les risques pour assurer la réussite de l'entreprise n'en est que plus grand et doit être récompensé en proportion de leur participation. Les hommes se conduisent ordinairement par l'intérêt, et si vos troupes ne trouvent dans le service que peines et risques, vous ne les emploierez pas deux fois avec avantage.

En règle générale, faire la guerre n'est pas le bon. Seule la nécessité doit la faire entreprendre. Quelles que soient leur issue et leur nature, les combats sont funestes aux vainqueurs eux-mêmes. Il ne faut les livrer que si la guerre ne peut être autrement menée.

Si le Souverain est animé par la colère ou la vengeance, qu'il ne déclare pas la guerre et ne lève pas de troupes. Si le général est dans les mêmes

---

[43] Sun Tse oppose l'action fugace de l'incendie à l'effet prolongé des inondations.

sentiments, qu'il diffère de livrer combat. Pour l'un et l'autre, ce sont des moments troubles. Qu'ils attendent les jours de sérénité pour se déterminer et entreprendre.

S'il y a quelque profit à espérer de votre offensive, mettez toute votre armée en mouvement, mais si vous ne prévoyez aucun avantage, tenez-vous tranquille. Si vous êtes irrité, si vous avez été insulté, attendez pour prendre parti que la bonne humeur ait succédé à la colère et qu'une satisfaction efface les effets d'une vexation. N'oubliez jamais que votre dessein, en faisant la guerre, doit être de procurer la paix à l'État et non d'y apporter la désolation. Vous avez à défendre les intérêts généraux du Pays et non pas vos intérêts personnels. Vos vertus et vos vices, vos qualités et vos défauts rejaillissent sur ceux que vous représentez. Vos moindres fautes sont toujours de conséquence ; les grandes sont souvent irréparables et toujours funestes. Quand un royaume a été ruiné, il est impossible de lui rendre son ancienne prospérité, de même qu'on ne ressuscite pas un mort.

De même qu'un Prince éclairé et vigilant met tous ses soins à bien gouverner, ainsi un général habile ne néglige rien pour former de bonnes troupes destinées à garantir la paix et le bonheur de l'État.

Article XIII : Des dissensions et de leur exploitation.

Sun Tse dit :

Quand est réunie une armée de cent mille hommes et qu'il faut la conduire à mille li, ne doutez pas que cela ne s'effectuera pas sans que le bruit s'en répande, au dedans comme au dehors. Les villes et les villages où sont opérées les levées d'hommes, les campagnes d'où sont tirés les provisions et les charrois, les chemins où se manifeste une intense circulation offrent un spectacle qui fait présumer la désolation dans les familles, l'abandon des terres à cultiver et de lourds impôts pour couvrir les dépenses du royaume.

Sept cent mille familles démunies de leur chef ou de leur soutien sont subitement hors d'état de vaquer à leurs occupations coutumières[44]. Les terres, privées de la main-d'œuvre nécessaire, voient leur rendement diminuer en qualité comme en quantité.

---

[44] Anciennement, le peuple était réparti en groupes de huit familles exploitant solidairement une neuvième portion qui était la part du propriétaire (seigneur ou Empereur). Dans chaque huitaine, une famille était désignée pour participer à la guerre. Les sept autres devaient non seulement assurer l'équipement et la subsistance des guerriers, mais encore cultiver l'ensemble des neuf portions.

Pour payer, entretenir et nourrir la troupe, les greniers comme le trésor du prince et des particuliers se vident et sont menacés d'épuisement.

Employer plusieurs années à observer l'ennemi ou à faire la guerre, c'est ne pas aimer le peuple, c'est être l'ennemi de son pays. Toutes les dépenses toutes les souffrances, tous les travaux et toutes les fatigues de plusieurs années n'aboutissent, le plus souvent, pour les vainqueurs eux-mêmes qu'à une journée de triomphe, celle où ils ont vaincu. N'employer pour vaincre que sièges et batailles, c'est ignorer également et les devoirs du Souverain et ceux du général ; c'est ne pas savoir gouverner ; c'est ne pas savoir servir l'État ; c'est ne pas savoir combattre.

Aussi, lorsque la guerre est résolue, que les troupes étant formées sont sur le point d'entreprendre, ne dédaignez pas d'employer la ruse. Informez-vous d'abord de tout ce qui concerne les ennemis, les rapports qui existent entre eux, leurs relations et leurs intérêts réciproques. A cet effet, n'épargnez pas l'argent. N'ayez pas plus de regret pour celui que vous ferez passer à l'étranger, soit pour créer des connivences, soit pour vous faire parvenir d'exactes informations, que pour celui que vous emploierez à solder vos troupes. Plus vous dépenserez, plus vous gagnerez. Vous faites un placement à gros intérêt.

Ayez des espions partout pour être instruit de tout. Ne négligez rien qui doive être su, mais ce que vous aurez appris, gardez-le pour vous. Quand il s'agira d'appliquer quelque ruse, comptez plus sur les dispositions que vous aurez prises pour la faire réussir que sur le secours des Esprits que vous aurez invoqués.

Quand un habile général prend l'offensive, l'ennemi est déjà vaincu. Quand il livre bataille, à lui seul, il doit faire plus que toute son armée ensemble, non par la force de son bras, mais par son intelligence et surtout par ses ruses. Il faut qu'au premier signal, une partie de l'armée ennemie passe de son côté. A tout instant, il doit être le maître d'accorder la paix et de la conclure aux conditions qu'il lui plaira. Le grand secret pour cela consiste dans l'art de semer la division à propos : division dans les villes et les villages, division extérieure, division interne, division de mort et division de vie. Ces cinq espèces de dissensions ne sont que les branches d'un même tronc. Celui qui sait s'en servir est un homme véritablement digne de commander : c'est le trésor de son Souverain et le soutien de l'Empire.

J'appelle division dans les villes et les villages, ou simplement division au dehors celle par laquelle on trouve le moyen de détacher du parti ennemi les habitants qui sont sous la domination de ce dernier et de se les attacher de manière à pouvoir s'en servir au besoin. J'appelle division externe celle par laquelle on utilise à son profit les officiers qui servent actuellement dans l'armée ennemie. Par division interne, j'entends celle qui met à profit la mésintelligence qui peut exister entre alliés, entre les différents corps ou entre les officiers de divers grades. La division de mort est celle par laquelle nous tentons, par des bruits tendancieux, de jeter le discrédit ou la suspicion jusqu'à la cour du Souverain ennemi sur les généraux qu'il emploie. La division de vie est celle par laquelle on récompense avec largesse tous ceux qui ont quitté le service de leur maître légitime, sont passés de votre côté soit pour combattre avec vous, soit pour vous rendre d'autres services non moins essentiels.

Par les intelligences que vous vous serez ménagées dans les villes et villages, vous ne tarderez pas à accroître le nombre de vos partisans, vous connaîtrez les sentiments des habitants à votre égard et ils vous suggéreront les moyens les plus efficaces à employer pour rallier ceux de leurs compatriotes qui ont le plus d'influence, en sorte que, lorsque le temps de faire le siège sera venu, vous pourrez vous emparer de la place sans monter à l'assaut, sans coup férir et sans même tirer l'épée.

Si vos ennemis emploient des officiers qui ne soient pas d'accord entre eux et que divisent des intérêts personnels, des soupçons réciproques, des jalousies mutuelles, il vous sera facile d'en détacher quelques-uns, car il est à présumer qu'en dépit de leur loyalisme envers le souverain, le désir de la vengeance, l'appât du gain ou l'envie des postes éminents que vous leur promettez suffiront amplement pour les attirer et, une fois que ces passions seront déchaînées, il n'est rien qu'ils ne tenteront pour les satisfaire.

La mésintelligence est facile à entretenir entre les différentes unités qui composent l'armée, si elles se méfient les unes des autres, cherchent à se nuire ou se méprisent entre elles. Il vous suffira de les opposer pour qu'elles s'entredétruisent sans qu'elles aient ouvertement à prendre votre parti et qu'elles servent vos intérêts sans même le savoir.

En répandant des bruits, tant pour faire connaître ce que vous voulez qu'on croie de vous sur les prétendues démarches entreprises par les généraux ennemis, en faisant parvenir ces nouvelles tendancieuses jusque dans les conseils du prince que vous combattez, en faisant planer le doute sur les intentions de ceux dont la fidélité est pourtant de notoriété publique, vous ne tarderez pas à constater que chez l'ennemi les soupçons remplacent la confiance, qu'on y récompense ce qui devait être châtié et qu'on punit ce qui méritait la récompense ; que les plus légers indices tiennent lieu de preuves convaincantes pour faire périr ceux qui sont soupçonnés. Dès lors, chez les meilleurs, le zèle se refroidit, le dégoût grandit si bien que, désespérant de se justifier, ils se réfugieront chez vous pour se délivrer des craintes qui les menacent et pour préserver leur existence. Leurs parents, leurs amis seront, à leur tour, accusés, poursuivis, châtiés. Partout des complots se noueront, des vindictes s'exerceront, des désordres et des révoltes éclateront. Il vous restera bien peu à faire pour vous rendre maître d'un pays où une partie de la population souhaite déjà votre arrivée.

Le succès d'une telle entreprise est d'autant mieux assuré que vous aurez récompensé ceux qui se seront ainsi donnés à vous, que vous aurez répandu l'argent à pleines mains, que vous aurez tenu vos troupes dans une exacte discipline pour qu'ils n'endommagent pas les biens de ceux que vous voulez attirer et que vous aurez réservé à tous le meilleur accueil.

Mais, tout en montrant à l'extérieur beaucoup de simplicité, de sécurité et même d'indifférence, soyez vigilant et éclairé. Tenez-vous sur vos gardes, défiez-vous de tout, soyez très réservé. Ayez des espions partout et convenez avec eux de signaux. Voyez par la bouche, parlez par les yeux. Ce n'est pas aisé ; c'est même très difficile et tel est trompé qui croyait tromper les autres. Seul un homme d'une prudence consommée, très renseigné, profondément sage, peut employer avec à-propos et succès l'art des dissensions. Renoncez-y si vous n'avez pas les qualités exigées, car l'usage que vous en feriez tournerait à votre détriment.

Un projet ayant été formé par vous, si vous apprenez que le secret en a transpiré, faites impitoyablement périr, tant ceux qui l'auront divulgué que ceux à la connaissance desquels il sera parvenu. A la vérité, ces derniers ne sont pas coupables, mais ils pourront le devenir et leur mort sauvera la vie à quelques milliers d'hommes et sera d'un salutaire exemple.

Ainsi, punissez sévèrement et récompensez avec largesse. Multipliez vos espions, ayez-en sous la tente des généraux ennemis, dans les conseils des ministres, dans le propre palais du souverain ennemi. Connaissez le nom, la famille, les relations, les domestiques de vos principaux adversaires et n'ignorez rien de ce qui se passe chez eux.

Mais vous devez également supposer que l'ennemi a aussi ses espions. Si vous les découvrez, gardez-vous de les faire périr. Leurs jours doivent vous être infiniment précieux. Ils serviront, sans qu'ils s'en doutent, à transmettre à l'ennemi des informations tirées des démarches calculées, des propos insidieux que vous aurez laissé porter à leur connaissance.

J'ai dit qu'un bon général devait tirer parti de tout et n'être surpris de rien, quoi qu'il puisse arriver. Mais par-dessus tout et de préférence à tout, il doit mettre en pratique les cinq sortes de divisions. Rien n'est impossible à qui sait s'en servir. Défendre le territoire de son souverain, l'agrandir, exterminer les ennemis, ruiner ou fonder de nouvelles dynasties, tout cela ne peut être que l'effet des dissensions employées à propos.

Le grand Y-In[45] ne vivait-il pas du temps des Sia ? C'est par lui cependant que s'établit la dynastie des Inn. Le célèbre Lu-Ya n'était-il pas sujet de Y-In, lorsque, par son entremise, la dynastie Tcheou monta sur le trône ? Quel est celui de nos livres qui ne fasse l'éloge de ces deux grands hommes ? L'histoire les a-t-elle jamais considérés comme traîtres à leur patrie ou rebelles à leur souverain ? Loin de là, elle en parle avec un grand respect et elle en a fait des héros[46].

Voilà tout ce qu'on peut dire en substance sur la manière d'employer les dissensions et c'est par là que je finis mes réflexions sur l'art des guerriers.

---

[45] La dynastie des Sia aurait été fondée par Iu en 2205 av. J.-C. et le dernier souverain Koe Tsie aurait été détrôné en 1767 av. J.-C. à la suite d'une révolte des seigneurs, dont Y In aurait été l'instigateur, et qui porta au pouvoir Trang, fondateur de la dynastie Chang. Dynasties Chang et Inn ne constituent qu'une seule famille qui détient le pouvoir jusqu'en 1122 av. J.-C., date à laquelle l'empereur Tcheou-Sinn fut battu et renversé par Ou Oang. Lu-Ya, plus connu sous le nom de Taï Koung, était un des principaux officiers de Tcheou et aurait, par sa sagesse et sa prudence, grandement contribué à l'adhésion des anciens sujets de Tcheou-Sinn au nouvel Empereur.

[46] Un des commentateurs mandchous s'exprime ainsi sur ce passage : « *Que les noms de fourbe, de traître ou de rebelle ne vous épouvantent pas. Tout dépend de vos succès. Quelques bonnes que soient vos intentions, si vous échouez, vous serez voué à l'exécration, mais, si vous réussissez, vous serez considéré comme le sauveur du peuple et le restaurateur des lois. Y-In et Lu-Ya en sont une preuve, mais, à l'exemple de ces sages, n'ayez que des intentions droites, n'entreprenez rien qui soit contraire à la justice et, comme eux, vous vous ferez une réputation immortelle.* »

DEUXIEME PARTIE

Les trente-six stratagèmes.

Introduction : 6 X 6 = 36.

Des nombres d'abord, puis une forme en surgit, une forme qui est seulement un arrangement de nombres (car l'art et le tour de main, ici, reposent sur des calculs précis).

Quand le grand carré a été réparti en paires Yin et Yang (de formations complémentaires sur ses quatre faces ou sur ses quatre angles) un « petit reste » demeure dans l'espace, au centre et attend l'occasion (Qu'en faire ? Nul ne peut le savoir encore...)
et il est inutile d'échafauder le stratagème auparavant. Il manquerait son but.

Chapitre 1 : stratagèmes en position dominante.

春

1. *Traverser la mer sans que le ciel ne le sache.*

2. *Assiéger Wei pour secourir Zao.*

3. *Assassiné avec une épée d'emprunt.*

4. *Attendre en se reposant que l'ennemis s'épuise.*

5. *Profiter de l'incendie pour piller et voler.*

6. *Bruit à l'est, attaque à l'ouest.*

Chapitre 2 : Stratagèmes pour la confrontation.

7. *Créer quelques à partir de rien.*

8. *Déboucher à l'improviste à Chen-cang.*

9. *Regarder le feu depuis l'autre rive.*

10. *Dissimuler une épée dans un sourire.*

11. *Laisser le prunier se dessécher à la place du pêcher[47].*

12. *s'emparer d'une chèvre en passant[48].*

---

[47] Savoir sacrifier un élément pour en sauver un autre.

[48] Savoir s'insérer dans la moindre brèche pour en tirer avantage.

Chapitre 3 : Stratagèmes pour l'attaque.

春

13. Battre l'herbe pour effrayer le serpent.

14. Emprunter un cadavre pour y mettre son âme.

15. Faire sortir le tigre de la montagne.

16. Laisser filer l'adversaire pour mieux le capturer.

17. Jeter une brique pour ramasser le jade.

18. S'emparer du chef pour capturer la bande.

Chapitre 4 : Stratagèmes pour les situations confuses.

19. *Retirer le combustible sous le chaudron.*

20. *Troubler l'eau pour prendre le poisson.*

21. *Se dépouiller de son enveloppe telle le scarabée d'or.*

22. *Fermer toutes les issues pour prendre le voleur.*

23. *S'allier avec le pays lointain, attaquer son voisin.*

24. *Demander le droit de passage pour attaquer Kouo.*

Chapitre 5 : Stratagèmes pour gagner du terrain.

25. *Retirer la poutre faîtière et remplacer le pilier de soutènement.*

26. *Injurier l'acacia en désignant le mûrier.*

27. *Jouer l'idiot sans être fou.*

28. *Retirer l'échelle après avoir fait grimper l'autre sur le toit.*

29. *Couvrir les arbres de fleurs.*

30. *D'invité se transformer en hôte.*

Chapitre 6 : Stratagèmes pour les situations désespérées.

春

31. *Le piège de la jolie femme.*

32. *Le piège de la ville vide.*

33. *Le piège de l'agent double.*

34. *Faire souffrir la chair.*

35. *Les stratagèmes en chaine de l'ennemi enchaîné.*

36. *La fuite est le meilleur choix.*